PRINCIPAUX OUVRAGES DU MÊME AUTEUR.

L'Eau. 5ᵉ édition. 1 vol. in-18 illustré. Hachette et Cⁱᵉ, éditeur.

La Houille. 3ᵉ édition. 1 vol. in-18 illustré. Hachette et Cⁱᵉ, éditeur.

Les Fossiles. 3ᵉ édition. 1 volume in-18 illustré. Hachette et Cⁱᵉ, éditeur.

La Photographie. 3ᵉ édition. 1 vol. in-18 illustré. Hachette et Cⁱᵉ, éditeur.

Éléments de Chimie. 7ᵉ édition. 4 vol. in-18 avec de nombreuses figures dans le texte. (En collaboration avec M. P.-P. Dehérain.) Hachette et Cⁱᵉ.

Causeries sur la Science. 2ᵉ édition. 1 vol. in-18 illustré. Hachette et Cⁱᵉ, éditeur.

Les poussières de l'air. 1 vol. in-18 avec figures et planches hors texte. Gauthier-Villars, éditeur.

Les Martyrs de la Science. 2ᵉ édition. 1 vol. in-18 avec 20 gravures sur bois, par Gilbert. Maurice Dreyfous, éditeur.

Les Héros du travail. 2ᵉ édition. 1 vol. in-8 avec 20 gravures sur bois, par Gilbert. Maurice Dreyfous, éditeur.

L'Héliogravure, son histoire et ses procédés. Conférence faite au Cercle de la librairie. 1 brochure in-8 (Épuisé).

Histoire de la gravure typographique. Conférence faite au Cercle de la librairie. 1 brochure in-8 (Épuisé).

Les récréations scientifiques ou l'enseignement par les yeux. 1 vol. in-8 avec de nombreuses gravures et 4 planches hors texte. Ouvrage couronné par l'Académie française, 4ᵉ édition. G. Masson, éditeur.

L'Océan aérien. Études météorologiques. 1 vol. in-8 avec de nombreuses gravures. G. Masson, éditeur.

La Nature. Revue des sciences et de leurs applications aux arts et à l'industrie. Journal hebdomadaire illustré, publié sous la direction de M. Gaston Tissandier. 2 volumes gr. in-8 par an depuis 1873. G. Masson, éditeur.

Observations météorologiques en ballon. 1 vol. in-8 avec figures. Gauthier-Villars, éditeur.

Le grand Ballon captif à vapeur de M. Henry Giffard. 2ᵉ édition. 1 vol. in-8 avec de nombreuses gravures (Épuisé). G. Masson, éditeur.

En ballon pendant le siège de Paris. Souvenirs d'un aéronaute. 1 vol. in-18. Dentu, éditeur.

Histoire de mes ascensions. Récit de 24 voyages aériens précédé de simples notions sur les ballons. 3ᵉ édition. 1 vol. gr. in-8 avec de nombreuses gravures, par Albert Tissandier. Maurice Dreyfous, éditeur.

Deux conférences sur les aérostats et la navigation aérienne. 1 brochure in-18. Molteni, éditeur.

BALLONS DIRIGEABLES.

Le moteur du petit aérostat électrique de M. Gaston Tissandier
à l'Exposition d'Électricité en 1881.

LES BALLONS DIRIGEABLES.

APPLICATION DE L'ÉLECTRICITÉ

A LA NAVIGATION AÉRIENNE

PAR

GASTON TISSANDIER

Rédacteur en chef du journal *La Nature*.

OUVRAGE ACCOMPAGNÉ DE 35 FIGURES
ET DE 4 PLANCHES HORS TEXTE

PARIS,

GAUTHIER-VILLARS, IMPRIMEUR-LIBRAIRE

DU BUREAU DES LONGITUDES, DE L'ÉCOLE POLYTECHNIQUE,

SUCCESSEUR DE MALLET-BACHELIER,

Quai des Augustins, 55

1885

INTRODUCTION.

Après un siècle écoulé depuis le jour où les frères Montgolfier lancèrent dans l'espace le premier globe aérien, des expériences de démonstration, absolument décisives, ont été faites sur la direction des aérostats. Le grand problème ne peut plus aujourd'hui rencontrer de contradicteurs.

C'est à l'électricité que l'on doit le navire aérien dirigeable, c'est probablement à cet agent merveilleux que l'on devra les *monitors* de l'air de l'avenir. Nous avons indiqué la voie à suivre, par nos expériences de l'Exposition d'électricité en 1881, et nous avons réalisé, mon frère et moi, la construction du premier aérostat dirigeable électrique. Les savants officiers de Meudon, MM. Ch. Renard et Krebs, en s'engageant dans la même voie, ont obtenu des résultats plus concluants; ils ont dépassé tout ce qui avait été fait avant eux, et, pour la première fois, ils ont navigué dans l'air en revenant, après un voyage aérien, au port d'atterrissage. Il nous a semblé intéressant et utile de résumer ces tentatives récentes, qui ouvrent assurément de nouveaux horizons à la science. C'est ce que nous allons essayer de réaliser dans ce petit livre, où nous retracerons l'histoire des *Applications de l'Électricité à la Navigation aérienne.*

Dès les débuts de l'aéronautique, à la fin même du siècle dernier, on a songé à construire des aérostats de forme allongée, munis de propulseurs qui devaient donner au navire aérien la faculté de fendre l'air, comme un bateau sous-marin peut fendre l'eau à courant contraire. Si l'idée est venue à l'esprit des inventeurs, les moyens de l'exécuter faisaient absolument défaut, et il y aurait injustice à se moquer des premiers essais d'une science en enfance et à tourner en dérision, par exemple, la godille et les rames aériennes expérimentées, en 1784, par les frères Robert et le duc de Chartres. Les expérimentateurs ne pouvaient faire autre chose que ce qu'ils ont fait, n'ayant à disposer comme force motrice que du moteur humain, absolument insuffisant. La machine à vapeur n'existait pas encore à l'état d'engin pratique, et l'hélice, que l'on peut appeler le propulseur par excellence, était inconnue.

Quand la création des chemins de fer eut vulgarisé l'emploi des machines à vapeur, un jeune mécanicien, que son génie devait plus tard élever au rang des plus grands inventeurs, notre regretté

Fig. 1.

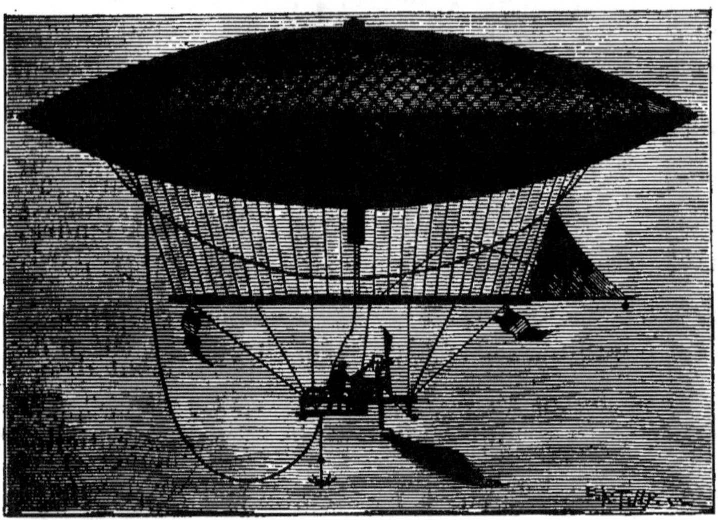

Premier aérostat dirigeable à vapeur, construit et expérimenté en 1852, par Henri Giffard.

maître et ami Henri Giffard, construisit, en 1852, le premier navire aérien à vapeur (*fig.* 1). Son aérostat allongé était actionné par une hélice à deux palettes planes, qu'une petite machine très légère, à grande pression, avec chaudière à flamme renversée, mettait en mouvement. Le jeune inventeur s'éleva seul, dans son navire aérien à vapeur, et, aux yeux de nombreux spectateurs, il se dévia, pour la première fois, de la ligne du vent. Cette magnifique expérience a été renouvelée par M. Dupuy de Lôme, qui en 1872, construisit son grand aérostat à hélice, gonflé d'hydrogène pur et actionné par un propulseur de 6^m de diamètre, que sept hommes mettaient en mouvement dans la nacelle (*fig*. 2).

Pourquoi M. Dupuy de Lôme, le constructeur des premiers navires cuirassés dont la machine à vapeur est l'organe essentiel, a-t-il, après Giffard, banni la vapeur d'un aérostat allongé? Parce qu'il a redouté, non sans motifs sérieux, l'association de ces deux appareils : la chaudière, qui exige du feu, et le ballon, qui est rempli d'un gaz essentiellement inflammable. En outre, le moteur à vapeur n'est pas un système à poids constant; en brûlant, le combustible qui lui donne l'énergie, se transforme en produits gazeux, qui se dégagent et se dispersent dans l'atmosphère; la vapeur d'eau se volatilise, l'appareil, en fonctionnant, diminue constamment de poids. Or, l'aérostat, quand il est bien équilibré dans l'air, s'élève facilement par les plus petites pertes de poids, et, pour compenser l'ascension due à la consommation du combustible, il faudrait laisser échapper du gaz, c'est-à-dire réduire la durée du séjour dans l'atmosphère.

Danger du feu, perte de poids, tels sont les incon-

Fig. 2.

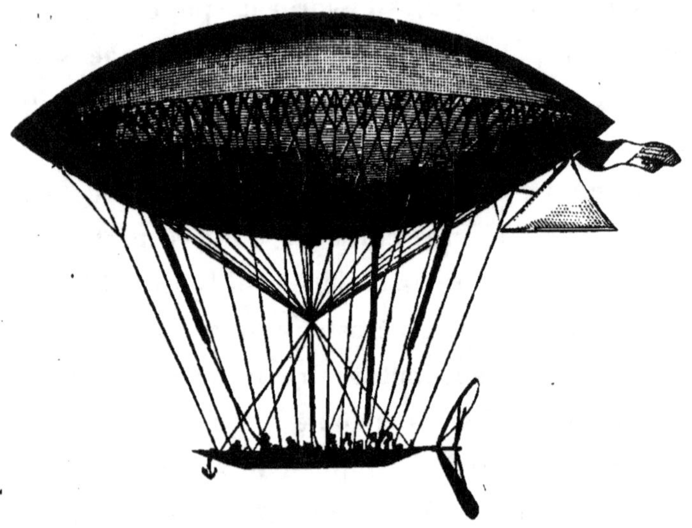

Aérostat dirigeable à moteur animé construit et expérimenté en 1872, par M. Dupuy de Lôme.

vénients de la machine à vapeur au point de vue de la navigation aérienne.

L'aérostation exige un moteur léger qui fonctionne sans feu et qui travaille à poids constant.

Les moteurs dynamo-électriques réalisent admirablement ces conditions multiples. Aussitôt qu'ils ont paru dans le domaine de la pratique, élevé à l'école de Giffard, j'ai songé à continuer l'œuvre du maître et à appliquer l'électricité à la propulsion d'aérostats allongés.

J'ai commencé à étudier le problème en petit, dès le commencement de l'année 1881, et j'ai construit pour l'Exposition d'électricité un modèle d'aérostat allongé muni d'un minuscule moteur dynamo-électrique.

Ces essais, faits sur une petite échelle, étaient encourageants. Ils **me décidèrent à** entreprendre des expériences en grand dans un ballon monté, essayé à l'air libre et par temps calme.

Mon frère, Albert Tissandier, joignit alors ses efforts aux miens, et c'est à frais communs que nous avons résolu de construire un aérostat électrique capable de nous élever dans l'atmosphère et devant être expérimenté par temps calme. Nous allons résumer l'histoire de ces différents travaux, et nous décrirons ensuite les belles expériences de Chalais-Meudon.

G. T.

LES
BALLONS DIRIGEABLES.

PREMIÈRE PARTIE.

EXPÉRIENCES DE MM. TISSANDIER FRÈRES, DE 1881 A 1884.

ÉTUDES PRÉLIMINAIRES.

Le petit aérostat électrique de l'Exposition d'Électricité.

Les perfectionnements apportés aux machines dynamo-électriques m'ont, dès le commencement de l'année 1881, donné l'idée de les employer à la direction des aérostats, concurremment avec des couples secondaires de M. G. Planté, qui, sous un poids relativement faible, emmagasinent une grande somme d'énergie ou des piles primaires suffisamment énergiques.

Un semblable moteur attelé à une hélice de propulsion offre sur tous les autres des avantages considérables au point de vue aérostatique : il fonctionne sans aucun foyer et supprime ainsi le danger du feu sous une masse d'hydrogène; il offre un poids constant et n'abandonne plus à l'air des produits de combustion qui délestent sans cesse l'aérostat et tendent à le faire monter dans l'atmosphère. Il se met en marche avec une facilité incomparable par le simple contact d'un commutateur ([1]).

Afin de me rendre compte des résultats que l'on pouvait obtenir, j'ai voulu d'abord entreprendre des expériences en petit, et j'ai fait confectionner un aérostat allongé terminé par deux pointes, ayant $3^m,5o$ de longueur et $1^m,3o$ de diamètre au milieu. Cet aérostat, qui rappelle le type de l'aérostat allongé de M. H. Giffard, a un volume de 2200^{lit} environ. Gonflé d'hydrogène pur, il a un excédent de force ascensionnelle de 2^{kg}.

M. G. Trouvé a construit, avec une remarquable habileté, une petite machine dynamo-électrique, genre Siemens, pesant 220^{gr}, et dont l'arbre est muni, par l'intermédiaire d'une transmission, d'une

---

([1]) Les idées théoriques qui précèdent ont été développées en détail dans le Brevet que j'ai pris à la date du 9 juin 1881, sous le titre : *Application de l'Électricité à la Navigation aérienne.* Dans une *addition* prise à la date du 30 juillet de la même année, j'ai donné la description d'un aérostat allongé à hélice de 3000 ^{mc}, ayant comme moteur une machine dynamo-électrique et des accumulateurs; dans une autre addition du 12 mai 1882, j'ai indiqué l'emploi de piles au bichromate de potasse, et j'ai décrit la batterie d'essai que j'ai construite à cet effet, et qui, dès cette époque, m'a donné des résultats très satisfaisants.

hélice à deux branches, très légère, de $0^m,40$ de diamètre (*voir* le frontispice). Ce petit moteur est fixé à la partie inférieure de l'aérostat; il fonctionne dans d'excellentes conditions pendant quelques minutes avec un élément Planté de 220^{gr}; avec un couple secondaire pesant $1^{kg},300$, la durée de sa rotation est considérable. L'hélice, dans ces conditions, tourne à six tours et demi à la seconde; elle agit comme propulseur et imprime au petit aérostat, dans un air calme, une vitesse de 1^m à la seconde, pendant plus de quarante minutes. Avec deux éléments secondaires montés en tension et pesant 500^{gr} chacun, je puis adapter au moteur une hélice de $0^m,60$ de diamètre, qui donne à l'aérostat une vitesse de 2^m environ à la seconde, pendant dix minutes environ. Avec trois éléments, la vitesse atteint 3^m. J'ai d'abord voulu constater quelle était l'influence de la résistance de l'air, et j'ai exécuté un grand nombre d'expériences en attelant l'aérostat à un manège très léger, installé dans une des salles du Conservatoire des Arts et Métiers, où M. Hervé Mangon, alors directeur de cet établissement, a bien voulu m'autoriser à prendre momentanément asile. Un peu plus tard j'ai gonflé le petit ballon d'hydrogène, et je suis arrivé à le faire fonctionner en liberté, en laissant traîner à l'arrière un fil mince servant de *guide-rope* (*fig.* 3). Les expériences ont été faites dans les ateliers de M. Lachambre, à Vaugirard. L'aérostat minuscule se déplaçait aussi très facilement, mais un peu plus lentement, quand il était guidé par un fil tendu, ce qui permettait encore de bien mesurer sa vitesse propre.

Après ces premiers essais, j'ai mesuré le travail produit par le petit moteur dynamo-électrique de M. Trouvé. J'ai employé la méthode la plus simple,

Fig. 3.

Petit aérostat dirigeable électrique de M. Gaston Tissandier, construit en 1881, et fonctionnant gonflé d'hydrogène pur.

en faisant soulever directement des poids au moteur. Ces expériences ont été exécutées avec l'aide de mon ami, M. E. Hospitalier, qui, pendant toute la durée de mes essais, m'a sans cesse donné le précieux concours de sa grande compétence d'électricien. Nous avons relié au moteur un élément secondaire, puis deux éléments en tension, et nous avons fait successivement varier les vitesses, en augmentant ou en diminuant la valeur des poids soulevés. Le petit moteur qui, nous le répétons, pèse 220^{gr}, produit, dans des conditions de travail maximum, 90^{grm} (¹) avec un seul élément et une vitesse de 5 tours par seconde. Avec deux éléments en tension et une vitesse de 12 tours par seconde, le travail atteint 420^{grm}; avec trois éléments, on atteint environ 1^{kgm}, ce qui est considérable.

Avec les deux éléments en tension, si la vitesse s'abaisse à 5 ou 6 tours par seconde, le travail n'est plus que de 278^{grm}; si la vitesse est supérieure à celle qui correspond au maximum et atteint par exemple 14 tours à la seconde, le travail n'est plus que de 375^{grm}. Ces expériences montrent que, conformément à la théorie, les moteurs électriques attelés à un générateur donnent un travail maximum qui correspond à une certaine vitesse (²).

Pendant toute la durée de l'Exposition d'Élec-

(¹) ^{grm} = grammètre.

(²) Ma première Note sur l'application des moteurs électriques à la direction des aérostats, a été lue par moi à l'Académie des Sciences dans sa séance du 1er août 1881 (*voir* les *Comptes rendus* des séances). — L'illustre et regretté secrétaire perpétuel de l'Académie des Sciences, M. J.-B. Dumas, m'avait vivement encouragé dans mes essais, et il me demanda de faire fonctionner le petit moteur de mon aérostat minuscule, pendant la séance. M. Dumas m'engagea à poursuivre ces études, auxquelles il attachait un grand intérêt.

tricité, du 1ᵉʳ août au 1ᵉʳ décembre 1881, un petit aérostat semblable à celui que je viens de décrire, fonctionna au Palais de l'Industrie, à Paris. Ce petit ballon, gonflé d'air, était disposé au milieu de la grande nef et attelé à un manège, comme le représente la *fig.* 4. Sous l'action de son moteur, actionné par deux couples secondaires Gaston Planté montés en tension, j'obtenais, par la rotation de l'hélice de propulsion, une vitesse de translation de 3ᵐ environ à la seconde. Lors de la séance d'ouverture de l'Exposition d'Électricité, le 11 août 1881, mon petit aérostat dirigeable fonctionna dans ces conditions, guidé par un fil métallique qui lui permettait de traverser la grande nef du Palais de l'Industrie (¹).

Ces premières expériences réalisées, je pris la résolution de construire un moteur électrique très léger, de la force d'un cheval et demi, et de le faire fonctionner au moyen d'un générateur d'électricité, réduit à son minimum de poids, afin de continuer à étudier en grand les nouvelles ressources que pouvait offrir la Mécanique électrique contemporaine, en vue de la navigation aérienne. On va voir comment j'ai été amené à confectionner d'abord une pile au bichromate légère et à grand débit, dans la pensée qu'il en est de la Méca-

---

(¹) A la suite de l'Exposition d'Électricité, le petit aérostat électrique à hélice a obtenu une médaille de bronze.

Fig. 4.

Le petit aérostat à hélice, de M. Gaston Tissandier, à l'Exposition d'Électricité en 1881.
Vue d'ensemble de l'appareil avec son manège.

nique électrique comme de la Mécanique à vapeur, où le générateur offre en quelque sorte l'importance capitale.

___

Pile au bichromate de potasse pour la navigation aérienne.

Les piles à grand débit ne sont guère qu'au nombre de trois : la pile Bunsen, la pile Daniell (modèle Thomson ou modèle Reynier) et la pile au bichromate de potasse. Cette dernière est de beaucoup la plus avantageuse dans le cas qui nous occupe. C'est celle que j'ai étudiée. A la suite de nombreuses expériences pour déterminer la meilleure composition du liquide excitateur, la nature des récipients légers et solides, les épaisseurs limite que l'on pouvait donner aux charbons et aux zincs, le nombre de ceux-ci dans chaque élément, afin d'avoir un débit maximum sous un poids minimum, j'ai confectionné un modèle à grande surface qui m'a donné, comme on va le voir, des résultats préliminaires satisfaisants.

J'ai eu l'idée de ces expériences en voyant fonctionner les piles au bichromate employées en 1881 par M. G. Trouvé dans son canot électrique, et mes premiers essais ont été précisément exécutés avec quatre batteries que cet ingénieux constructeur a bien voulu mettre à ma disposition.

Quatre batteries de piles au bichromate de potasse, modèle Trouvé, formant vingt-quatre éléments montés en tension actionnaient un petit moteur Gramme d'un demi-cheval. Le travail produit, mesuré au frein Raffard, a été de 14^{kgm} par seconde pendant une heure, et de 10^{kgm} pendant l'heure suivante. Le moteur Gramme que nous avons employé n'avait nullement été construit pour fonctionner avec les piles, et l'expérience était assurément faite dans de mauvaises conditions pour celles-ci, mais il n'en était pas moins démontré que les piles au bichromate offrent beaucoup plus de constance qu'on ne le croyait communément.

Le nouveau type de pile que j'ai construit dès le mois d'avril 1882 (¹) se compose d'une auge d'ébonite de 3^{mm} d'épaisseur, mesurant $0^m,35$ de longueur, $0^m,16$ de hauteur, sur $0^m,14$ de largeur. Dans cette auge sont placés verticalement treize charbons et douze zincs amalgamés disposés alternativement en regard les uns des autres. Les lames de charbon ont $2^{mm},5$ d'épaisseur, les lames de zinc 1^{mm} environ. Ces lames sont fixées par des pinces à des bandes de cuivre longitudinales, qui sont elles-mêmes vissées sur les bords extérieurs de l'auge d'ébonite. Malgré sa légèreté, l'élément ainsi monté est très solide, et il peut être secoué

(¹) *Comptes rendus de l'Académie des Sciences,* 1882.

violemment sans que les charbons ou les zincs soient en aucune façon dérangés (*fig.* 5).

Le vase d'ébonite est muni à sa partie inférieure d'une tubulure qui, à l'aide d'un conduit de caout-

Fig. 5.

Élément de pile au bichromate de potasse à grande surface. Modèle pour les expériences d'études préliminaires.

chouc, communique à un récipient contenant la solution de bichromate. En levant ou en abaissant ce récipient au-dessus ou au-dessous de l'élément de pile, on peut remplir ou vider celui-ci d'après le principe des vases communiquants, c'est-à-dire le faire fonctionner ou l'arrêter. L'élément contient environ 4^{lit} de liquide très chargé de bichromate et d'acide sulfurique; la solution étant ainsi très concentrée, sa résistance électrique est moins grande, ce qui diminue la résistance intérieure de la pile au profit de son débit; le poids total n'atteint pas 8^{kg}.

Le débit de cette pile est très variable et peut devenir tout à fait considérable quand la résistance extérieure est très faible. Dans une expérience exécutée avec un liquide chaud et très concentré, on a obtenu pendant vingt minutes un courant moyen de 110^{amp}, avec une différence de potentiel aux bornes de $1^{volt},68$. Cela représente un débit en travail disponible de 18^{kgm} par seconde. L'ébullition était si impétueuse que le liquide s'est échappé violemment en dehors du vase, ce qui a mis fin à l'expérience. Dans ces conditions, l'énergie électrique disponible correspondait à un cheval-vapeur sous un poids de 33^{kg}. Il serait assurément difficile d'obtenir ce résultat pratiquement, mais le rendement dont on peut disposer dans les conditions normales sont encore assez favorables avec un débit moindre, et alors la pile peut fonctionner d'une manière continue et constante pendant une heure et demie à deux heures.

Voici des chiffres qui donneront une juste idée de ce qu'il est permis d'obtenir; ces chiffres sont la moyenne d'une série d'expériences faites sur des résistances de décharge variable.

Une batterie de dix-huit éléments montés en tension pèserait 140^{kg}. Sur un circuit de $0^{ohm},54$ de résistance, elle donnerait une énergie électrique disponible de 135^{kgm} par seconde pendant une heure et demie environ, avec un courant de 50^{amp}.

« Un moteur convenablement approprié, disionsnous dans notre journal *la Nature,* à la date du 20 mai 1882, pourra rendre au frein 100^{kgm} sur les 135 dont on dispose dans le circuit extérieur. Le moteur pèserait environ 50^{kg}, le résultat acquis aujourd'hui est donc le suivant :

« Avec un poids de 200^{kg}, piles et moteur, il est possible de produire un travail continu et constant de 100^{kgm} par seconde pendant une heure et demie à deux heures.

« Mais ce résultat obtenu dans mes recherches préliminaires est loin d'être le dernier mot de la solution des piles légères à grand débit. Quelques expériences déjà exécutées me permettent d'affirmer que l'on peut prolonger la production d'électricité : 1° en agitant le liquide, ce qui est facilité par l'emploi des vases communiquants ; 2° en ajoutant de nouvelles quantités de bichromate de potasse dans le liquide chaud et épuisé ; 3° en essayant le cloisonnement du négatif préconisé par M. Reynier.

« Une batterie de dix-huit éléments pesant 140^{kg}, le poids de deux hommes, pourrait ainsi fournir, de deux heures à trois heures même, un travail de 1,25 cheval à 1,5 cheval, ou de douze à quinze hommes vigoureux. »

En même temps que j'ai étudié la batterie, c'estàdire la chaudière du moteur électrique, j'ai aussi voulu me rendre compte du mode de fonctionnement d'une hélice attelée à un moteur dynamo-électrique.

Une hélice de 2^m,80 de diamètre a été fixée par l'intermédiaire d'une transmission, à un petit moteur dynamo-électrique Siemens pesant 65^{kg} et monté sur un grand escabeau. L'hélice destinée à ces études d'essai se composait de deux palettes planes formées par des supports de bois de cornouiller, où de la soie vernie à la gomme laque était tendue de manière à former une surface lisse et rigide. Des bandes de fer mince consolidaient l'axe de bois, et des fils tendeurs empêchaient l'hélice de se déformer pendant la rotation. Les palettes offraient une inclinaison de 35° environ. Le moteur était actionné par des accumulateurs Faure, construits par M. Reynier. Les expériences ont été faites dans les ateliers de la maison Siemens, de Paris. Avec quarante accumulateurs montés en tension, l'hélice faisait cent tours à la minute, la bobine du moteur en faisant mille; le travail était de 80^{kgm} environ (*voir Pl. I*).

Dans ces conditions, il est facile de se rendre compte, par la colonne d'air déplacée, que l'hélice agit d'une façon très énergique; le courant d'air, à 1^m ou 2^m de l'appareil, était intense, et il se faisait sentir nettement jusqu'à 10^m de distance; on a, d'ailleurs, constaté le fait à la grande soirée de l'Observatoire, où le système était exposé le 13 mars 1882.

A la suite de ces expériences, vers le milieu de

C. [illegible]   [illegible]   Pl. 1 (Page 14)

Pl. 1 (Page 16)

l'année 1882, je cherchai à former une Société au capital de 200 000 francs, pour construire un grand aérostat de 3000^{mc}, qui devait être remisé dans un hangar assez vaste pour l'abriter tout gonflé ; malgré mes efforts et mes démarches, il me fut impossible de trouver assez de capitalistes ayant confiance dans l'avenir de la navigation aérienne pour tenter une pareille entreprise. C'est alors que mon frère et mon compagnon de voyage aérien, Albert Tissandier, qui avait suivi toutes les expériences précédentes, associa ses efforts aux miens, pour la construction en collaboration et à frais communs, d'un aérostat d'essai cubant 1000^m et pouvant enlever deux ou trois voyageurs. Nous nous décidâmes à faire nous-mêmes les frais de cette entreprise, en sacrifiant une partie de notre avoir. Nous nous installâmes dans un terrain situé à Auteuil, et tandis que je m'occupai spécialement de la construction du moteur électrique et de l'appareil à gaz hydrogène nécessaire pour gonfler rapidement notre navire aérien, mon frère s'attacha spécialement à la confection de l'aérostat proprement dit. Nos ressources ne nous permettaient malheureusement pas de songer à construire un hangar d'abri pour remiser l'aérostat gonflé.

Nous allons continuer à décrire nos nouvelles constructions, en commençant par le moteur.

L'AÉROSTAT ÉLECTRIQUE A HÉLICE

DE MM. TISSANDIER FRÈRES.

Le moteur dynamo-électrique. — Son essai dans l'atelier aérostatique d'Auteuil.

Le moteur qui a servi à nos expériences de navigation aérienne, et qui a été construit en 1882, se compose de trois parties distinctes :

1° Un propulseur à deux palettes hélicoïdes de $2^m,85$ de diamètre, construit sur les plans de M. Victor Tatin ;

2° Une machine dynamo-électrique Siemens, nouveau type réduit à son minimum de poids ;

3° Une batterie de piles électriques légères au bichromate de potasse, faite sur le type de la pile d'essai qui vient d'être décrite précédemment.

Le propulseur à deux palettes hélicoïdes est formé d'un moyeu métallique entièrement creux, dans lequel sont fixées deux longues tiges de bois de sapin, bien sec et de bonne qualité. Ces tiges servent de support à des lattes préalablement gauchies suivant épure géométrique (*fig.* 6); les rebords extérieurs sont en rotin mince, les palettes, recouvertes de soie vernie à la gomme laque, sont maintenues à l'état de fixité à l'aide de tendeurs en fil d'acier.

Cette hélice, qui a été confectionnée avec beaucoup
de soins, ne pèse que 7^{kg}.

La machine dynamo-électrique a été construite

Fig. 6.

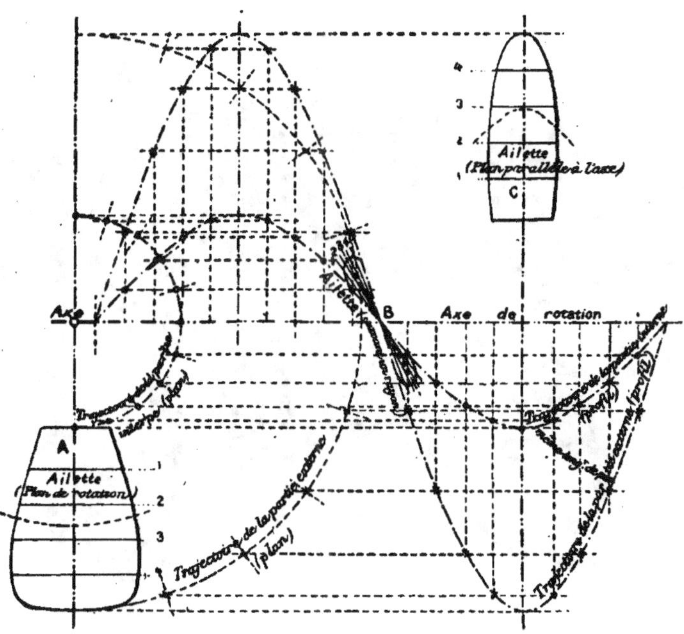

Épure pour la construction de l'hélice.

sur un nouveau modèle par la maison Siemens, de
Paris, dont le directeur, M. Georges Boistel, ingé-
nieur des Arts et Manufactures, a bien voulu m'ap-
porter son concours avec la plus gracieuse obligeance.

On compte dans cette machine, dont les pièces
de montage sont en acier fondu, trente-six faisceaux

sur la bobine et quatre électros dans le circuit. La
bobine est très longue par rapport au diamètre. Les
balais maintenus parallèles, sont montés à calage
variable. Toutes les pièces accessoires ont été rédui-

Fig. 7.

Moteur dynamo-électrique de l'aérostat à hélice,
de MM. Tissandier frères.

tes à leur minimum de volume et de poids, et le
mécanisme est monté sur un châssis à jour. L'appareil pèse 55^{kg} (*fig.* 7).

La machine commande l'hélice par l'intermédiaire
d'une transmission par engrenage dans le rapport
de $\frac{1}{10}$; quand la bobine fait 1200 tours à la minute,
l'hélice en fait par conséquent 120.

La nouvelle machine Siemens a été d'abord essayée à l'aide d'accumulateurs Faure, dans les ateliers de la Société *Force et Lumière;* les mesures ont été faites par MM. Hospitalier et Raffard, ingénieurs, et par moi ([1]).

A l'aide de vingt accumulateurs Faure en tension, on a pu obtenir un travail effectif d'un cheval-vapeur à la vitesse de 1200 à 1400 tours; en forçant la vitesse et en augmentant le nombre des accumulateurs, la machine a pu fournir jusqu'à 100^{kgm} par seconde, avec un rendement de 55 pour 100. Le courant était alors de 45^{amp}, et la différence de potentiel aux bornes de 40^{volts}.

Pendant la durée de ces constructions et de ces essais, mon frère Albert Tissandier, architecte, faisait construire dans un terrain situé avenue de Versailles, près du Point-du-Jour, une maison de bois qui devait nous servir d'atelier aérostatique pour la suite de nos expériences. J'ai disposé dans cet atelier ma batterie de piles au bichromate de potasse formée de quatre séries de six éléments pe-

---

([1]) La méthode suivie consistait à mesurer l'énergie électrique fournie à la machine par la formule $W = \dfrac{EI}{9,81}$ (W représentant le travail en kilogrammètres, E la différence de potentiel aux bornes de la machine en volts, I l'intensité du courant en ampères) et à déterminer le travail mécanique produit par le moteur en faisant absorber ce travail par la balance dynamométrique de M. Raffard. L'énergie électrique était mesurée à l'aide d'un ampèremètre et d'un voltmètre de M. Marcel Deprez, instruments qui m'ont été confiés très obligeamment par la maison Breguet.

sant chacun 7^{kg}, soit en tout vingt-quatre éléments pesant au total 168^{kg} (¹). La machine dynamo-électrique, avec le propulseur qu'elle commandait, était pendue à une poutrelle du plafond, et agissait par sa rotation sur un peson fixe qui permettait de mesurer l'effort de traction en kilogrammes.

La *fig.* 8 donne la disposition complète de l'expérience. La batterie de piles est représentée en P, un seau d'ébonite S renferme le bichromate de potasse et communique par un tube ramifié avec les six éléments d'une batterie. Il suffit de lever un de ces seaux à l'aide d'une cordelette enroulée sur des moufles, pour faire fonctionner la batterie, et de l'abaisser pour en faire écouler le liquide. Le courant de chaque batterie passe dans la machine à l'aide d'un commutateur à godets de mercure C; les mesures électriques sont faites à l'aide d'un ampèremètre A et d'un voltmètre V. La machine, pendue par des cordes, est représentée en M, l'hélice en HH; le peson D, fixé à une poutre rigide, est relié à l'hélice par l'intermédiaire d'un fil métallique et d'un émerillon E. Des dispositions

---

(¹) *Voir* pour la description de ces piles le Chapitre précédent, page 9. — L'expérience m'a conduit à modifier quelque peu mes premières piles au bichromate, en diminuant la surface des zincs par rapport à celle des charbons, ce qui diminue le poids des éléments, augmente la durée de fonctionnement de la pile, sans faire varier le débit. Chaque auge d'ébonite est toujours formée de 11 à 13 charbons minces, dont les dimensions sont restées les mêmes, mais les auges ne sont plus indépendantes les unes des autres, et forment les compartiments isolés d'une grande caisse.

sont prises pour que le centre de gravité de la machine reste toujours dans le plan vertical passant par les points de suspension, quelle~que soit la poussée.

Avec douze éléments en tension, l'hélice tourne

Fig. 8.

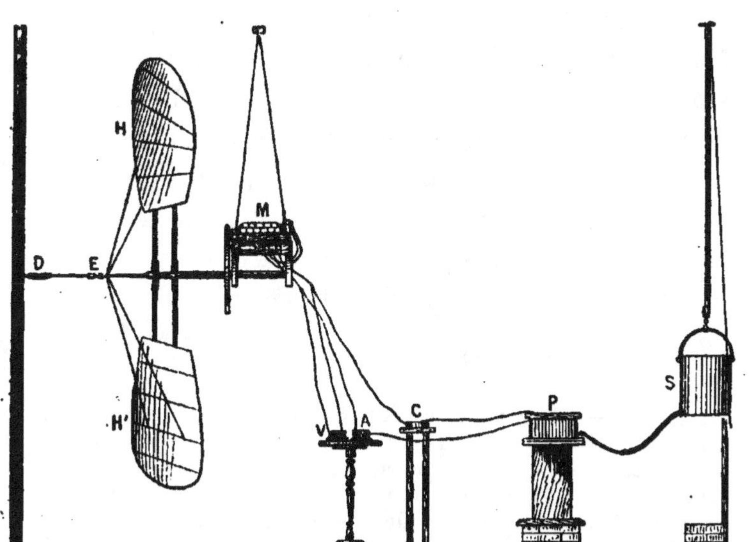

Expérience pour l'essai du propulseur.

avec une vitesse de 80 tours à la minute, et la traction sur le peson est de 5^{kg}. Avec dix-huit éléments, la vitesse de rotation est de 120 tours, et la traction est de 7^{kg} environ ; avec les vingt-quatre éléments en tension, on a pu obtenir un effort de 12^{kg}, avec une vitesse de rotation de l'hélice de 180 tours à la minute (¹). La *Pl. II* montre l'ensemble de l'expérience exécutée dans notre atelier aérostatique. Le 26 janvier 1883, un grand nombre d'invités, parmi lesquels nous citerons plusieurs notabilités scientifiques, assistèrent à une expérience exécutée dans notre atelier d'Auteuil, et plus de cent personnes prirent part à ces premiers essais.

« Il résulte de nos essais, disions-nous dans une Note adressée à l'Académie des Sciences, dans sa séance du 22 janvier 1883 (²), que le moteur que nous employons, sans dépasser avec son générateur le poids total de trois hommes, est capable de fournir régulièrement pendant une durée de trois heures consécutives (³) le travail de douze à quinze hommes, c'est-à-dire 75^{kgm} à 100^{kgm}. Ce moteur ne

---

(¹) Je crois devoir faire observer qu'à la suite de nombreuses expériences exécutées à l'aide de mes piles au bichromate, j'ai constaté que le débit de ces piles est très variable, suivant le degré de concentration et de température du liquide employé. Avec une solution de bichromate de potasse faite à chaud, très acide, et employée à une température de 60°, j'ai pu obtenir avec 18 éléments, un débit presque égal à celui que fournissent 24 éléments dans les conditions normales à la température ordinaire. L'addition d'acide chromique dans la dissolution me donne aussi le même résultat, tout en prolongeant la durée du débit. Dans ces conditions, il me suffirait d'emporter seulement 18 éléments dans la nacelle de l'aérostat; soit un poids total de 126 kilogrammes seulement pour le générateur d'électricité.

(²) *Comptes rendus*, 1883.

(³) Mes piles fonctionnent régulièrement avant l'épuisement de la solution de bichromate pendant deux heures trente minutes; par l'addition d'acide chromique, on peut prolonger ce débit au delà de trois heures.

... l'intérieur du premier aérostat électrique. — Expérience exécutée ... Auteuil ...

nécessite, pour être enlevé dans l'atmosphère avec deux ou trois voyageurs, qu'un ballon d'un petit volume, de 900^{mc} environ. Un aérostat allongé de 9^m de diamètre à l'équateur et de 27^m de longueur, construit en soie, gonflé d'hydrogène pur, suffirait amplement. Sous l'action de notre propulseur, un tel aérostat aurait dans un air calme une vitesse propre de 4^m environ à la seconde, ou 15^{km} à l'heure en nombre rond. »

« S'il nous était possible, comme nous l'avions proposé d'abord, ajoutions-nous dans le journal *la Nature* à la date du 27 janvier 1883, de construire un aérostat plus volumineux, dont la surface par conséquent serait plus petite par rapport à la capacité, et dont le moteur de 6 à 8 chevaux-vapeur agirait dans des conditions beaucoup plus favorables, puisque la résistance de l'air serait proportionnellement moindre, en raison de la diminution relative de la surface, le succès de l'expérience serait encore moins douteux. — Mais, mon frère et moi, nous exécutons ces expériences, longues, difficiles, onéreuses, à l'aide de nos propres ressources, et la dépense en aérostation, comme en mécanique, s'accroît d'autant plus que l'on veut donner plus d'importance aux constructions. — Agissant par nous-mêmes, nous sommes contraints de procéder avec lenteur et par des essais faits en petit (¹). »

(¹) *Voir* la *Nature*, 1er semestre 1883.

Appareil pour la fabrication du gaz hydrogène destiné à gonfler
le premier aérostat électrique à hélice.

Le gaz hydrogène bien préparé a une force ascensionnelle qui peut dépasser 1180^{gr} par mètre cube, le gaz de l'éclairage en a une qui, sous le même volume, atteint seulement 730^{gr} à 740^{gr}. Ces chiffres suffisent pour montrer l'avantage que présente, au point de vue aérostatique, le premier gaz sur le second.

Si la production en grand de l'hydrogène intéresse les aéronautes, elle n'est pas sans offrir quelque importance, au point de vue des laboratoires de chimie construits loin des usines à gaz, et de certaines industries de luxe qui font usage du chalumeau à gaz oxhydrogène pour la fusion des métaux; c'est à ces titres différents que nous donnerons ici une description assez détaillée de notre nouvel appareil.

Cet appareil est construit sur un principe analogue à celui que notre regretté maître et ami Henri Giffard avait installé en 1878 dans la cour des Tuileries pour le gonflement de son grand ballon captif à vapeur (^{1}); mais il en diffère consi-

---

(^{1}) *Voir* n° 222 de la *Nature*, 1er septembre 1877.

Fig. 9.

Vue d'ensemble du grand appareil à gaz hydrogène de M. Gaston Tissandier.

dérablement dans les détails et dans le mode de construction. L'hydrogène, dans notre appareil comme dans celui de M. Giffard, se produit par la décomposition de l'eau sous l'influence du fer et de l'acide sulfurique, mais, au lieu d'employer un générateur unique de grand volume fait en tôle garnie intérieurement de feuilles de plomb épaisses d'un prix très élevé, j'ai fait usage de tuyaux Doulton en terre de Londres, de ceux-là même dont on se sert habituellement pour les conduites d'eau. Ces tuyaux résistent très bien à l'action des acides, même à chaud; en les superposant verticalement, et en les soudant les uns avec les autres à l'aide d'un mastic spécial, il est possible de s'en servir pour faire des réservoirs cylindriques de grand volume et d'un prix beaucoup moindre que celui de réservoirs métalliques. Après avoir fait des essais sur des tuyaux de petite dimension, j'ai construit un générateur, formé de huit tuyaux Doulton, de $0^m,45$ de diamètre intérieur et de $0^m,76$ de hauteur. On obtient ainsi une colonne de plus de 6^m de hauteur capable de contenir 1000^{kg} de tournure de fer tamisée. Quatre générateurs distincts, dont l'ensemble est représenté ci-contre (*fig.* 9), sont capables de produire un volume considérable de 300^{mc} de gaz hydrogène à l'heure, c'est-à-dire d'opérer la dissolution de 1000^{kg} de fer dans 1500^{kg} d'acide sulfurique étendu de trois fois son volume d'eau.

Les quatre générateurs sont identiques; il nous

suffira donc d'en décrire isolément un seul. C'est ce que nous allons faire aussi succinctement que possible en reportant le lecteur à la coupe ci-contre (*fig.* 10). Le générateur formé de tuyaux en grès Doulton est figuré en G ; le cylindre est fermé à sa partie inférieure par une maçonnerie de briques faite à chaud avec un ciment de soufre fondu additionné de résine, de suif et de verre pilé. Ce même ciment a été employé pour garnir les joints des tuyaux et les souder les uns avec les autres. Le tuyau de grès inférieur, que nous appellerons le n° 1, le tuyau n° 4 et le tuyau n° 6 en comptant de bas en haut, sont des tuyaux à deux tubulures qui permettent de ramifier à l'appareil les tubes plus étroits, servant : à l'entrée dans l'appareil de l'eau additionnée d'acide sulfurique, à la sortie du liquide chargé de sulfate de fer après la réaction opérée, et au dégagement du gaz hydrogène formé.

Le générateur étant rempli de tournure de fer, l'eau additionnée d'acide sulfurique arrive par le tuyau A, et pénètre à la partie inférieure du récipient. Il traverse un double fond percé de trous, et il s'élève à travers une colonne de tournure de fer, qui se dissout dans le liquide en décomposant l'eau dont il fixe l'oxygène en formant du sulfate de fer et dont il détermine le dégagement du gaz hydrogène. Ce gaz se dégage par le tuyau T ; le liquide chargé de sulfate de fer s'écoule en B par le tuyau BC en forme d'U, et arrive dans un cani-

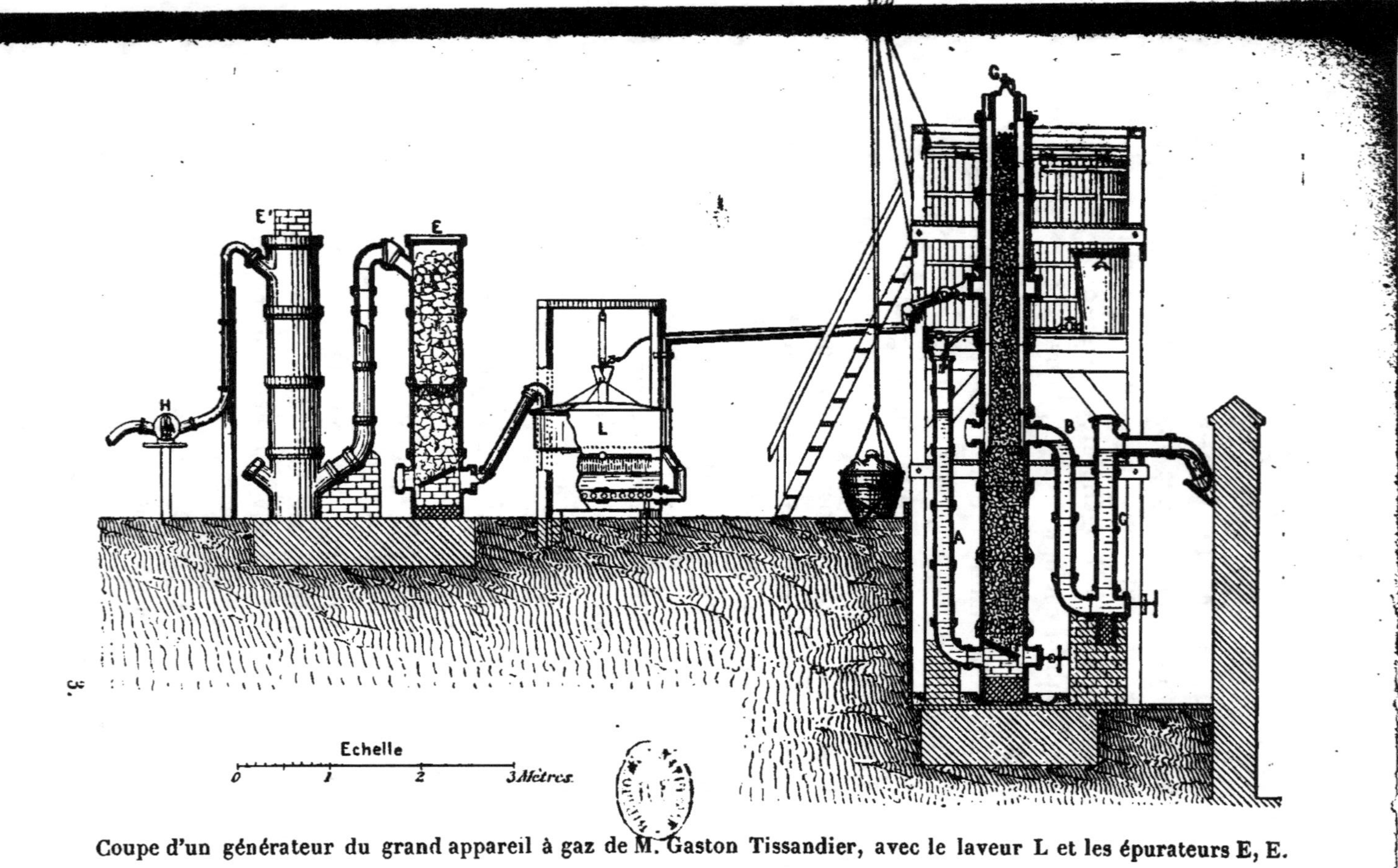

Coupe d'un générateur du grand appareil à gaz de M. Gaston Tissandier, avec le laveur L et les épurateurs E, E.

veau qui le mène directement à l'égout (¹). L'écoulement de l'eau chargée d'acide sulfurique étant continu, la production de l'hydrogène est également continue; au fur et à mesure que le fer se dissout dans la partie inférieure du générateur, il est sans cesse renouvelé par la réserve contenue dans la partie supérieure du tuyau. Cette réserve de fer, qui alimente le générateur, est placée dans un tube supérieur métallique, légèrement tronconique : la partie inférieure de ce tube est en cuivre plombé et elle pénètre de quelques centimètres dans le liquide où se produit la réaction; la dissolution de sulfate de fer, en s'échappant en B, n'entraîne pas ainsi de tournure de fer.

Le générateur à sa partie supérieure est bouché à l'aide d'une fermeture hydraulique qui, au cas d'obstruction, forme soupape de sûreté. Mon appareil, comme je l'ai dit, comprend quatre générateurs qui peuvent à volonté fonctionner ensemble ou isolément; il est facile de les séparer du circuit de tuyaux de dégagement, à l'aide de robinets de $0^m,08$ de diamètre intérieur; on peut ainsi remettre de la tournure de fer dans un générateur,

---

(¹) On peut recueillir le liquide chargé de sulfate de fer et faire cristalliser ce sel qui a une certaine valeur commerciale, mais il faudrait encore à cet effet disposer de grands réservoirs, évaporer les eaux, etc.; les frais d'installation pour une production faite à de rares intervalles, dépasseraient de beaucoup le faible bénéfice que l'on pourrait retirer de la vente du sulfate de fer.

procéder à son nettoyage en cas d'obstruction des tuyaux, etc., sans interrompre la production des trois autres générateurs.

Le gaz hydrogène, produit par une réaction énergique, se dégage avec des torrents de vapeur d'eau ; il est en outre légèrement acide : il faut le refroidir et le laver. Le laveur, presque entièrement semblable à celui de M. Giffard, est représenté en L ; le gaz arrive à la partie inférieure d'une masse d'eau sans cesse renouvelée par un écoulement continu ; il traverse le liquide en se divisant à travers un grand nombre de tubes, percés de trous, ramifiés au tuyau adducteur ; après s'être lavé, le gaz traverse deux épurateurs EE' remplis de soude caustique, et de chlorure de calcium (¹) ; il passe enfin à travers un globe de verre H contenant un hygromètre et un thermomètre qui indiquent si le gaz est bien desséché et bien refroidi. Dans ces conditions, je produis un gaz presque complètement sec ayant une force ascensionnelle de 1190^{gr} par mètre cube, chiffre qui n'avait jamais été obtenu

---

(¹) Dans les appareils précédemment construits, on a toujours fait usage de la chaux vive pour sécher le gaz hydrogène. Cette substance offre un grand inconvénient ; en absorbant l'humidité, elle se délite, elle se gonfle et se transforme en une poussière très ténue qui peut boucher les tuyaux ou être entraînée avec le gaz dans l'aérostat, dont elle brûle le tissu. Le chlorure de calcium est d'un excellent emploi ; j'y ai ajouté de la soude caustique, afin que le gaz soit rendu alcalin ; s'il était encore quelque peu chargé d'acide sulfurique, il pourrait donner naissance, avec le chlorure de calcium, à des traces d'acide chlorhydrique qui seraient très nuisibles.

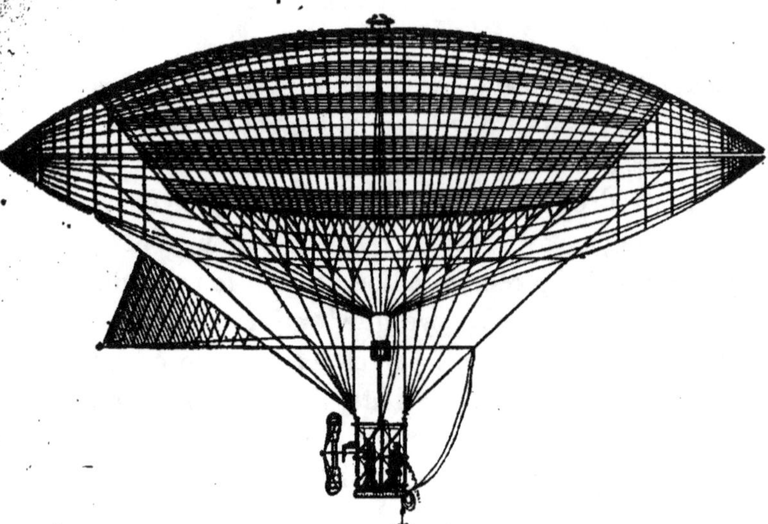

Le premier aérostat dirigeable électrique vu de côté.

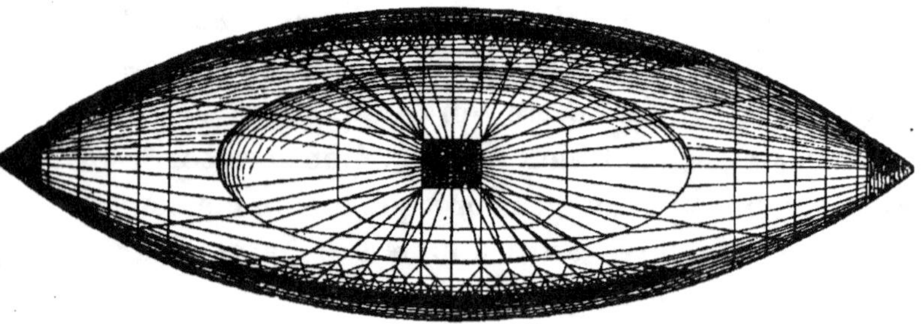

Le même vu en dessous.

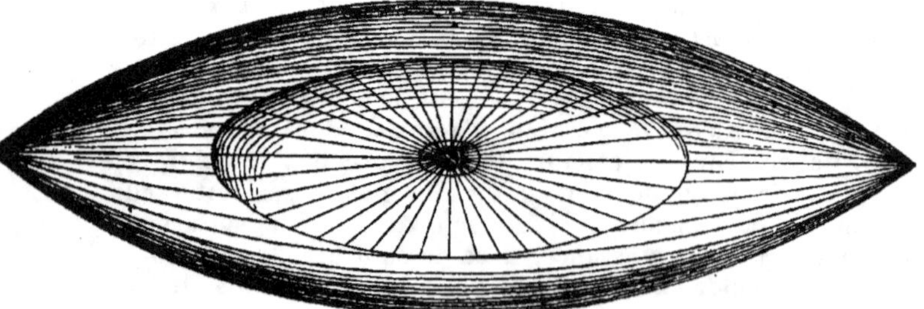

Cône d'appendice et soupape inférieure.
(D'après les épures de M. Albert Tissandier.)

dans les préparations aérostatiques faites en grand.
Après avoir traversé la cloche de verre H, le gaz
arrive dans l'aérostat par l'intermédiaire d'un tuyau
de gonflement.

Les quatre générateurs de l'appareil à gaz sont

Fig. 14.

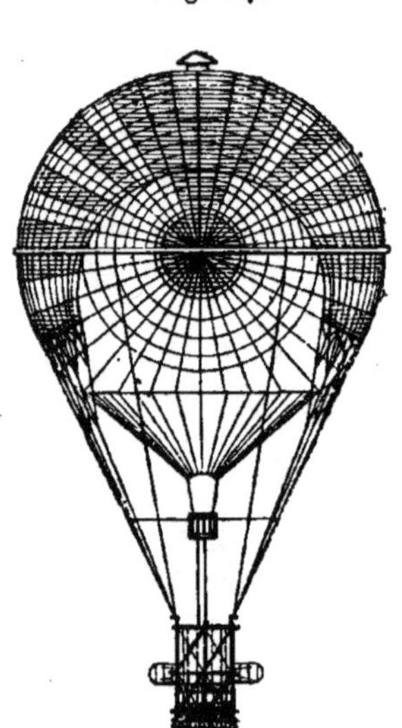

Le premier aérostat dirigeable électrique vu par
la pointe-avant.

alimentés du liquide acide qui les fait fonctionner,
par de grands réservoirs de 8^{mc} (*fig.* 9); ce sont des
cuviers de bois très épais bien goudronnés à l'intérieur et munis à leur partie inférieure de quatre
robinets en grès Doulton.

Chacun de ces réservoirs peut contenir 3o touries d'acide sulfurique à 53°, ou 3000^{kg} délayés dans 6000^{kg} d'eau ordinaire. Il y a là, dans chaque cuvier, une réserve capable de fournir à la production de 350^{mc} à 400^{mc} de gaz hydrogène. Pendant que l'un des cuviers se déverse dans les quatre générateurs, l'autre cuvier peut être rempli, et ainsi de suite alternativement.

Les générateurs sont entourés d'une solide charpente, munie d'une plate-forme supérieure où l'on peut faire monter, à l'aide d'une moufle, les touries d'acide sulfurique et les sacs de tournure de fer nécessaires à l'alimentation de l'appareil.

Le grand appareil que nous venons de décrire a fonctionné à plusieurs reprises, et outre trois gonflements du premier aérostat électrique à hélice, il a déjà fourni le gaz de quelques ascensions exécutées au moyen de ballons sphériques ordinaires.

Construction du premier aérostat électrique et de sa nacelle.

La construction d'un navire aérien de forme allongée offre de sérieuses difficultés ; elle ne pouvait avoir pour guide, au moment où nous l'avons entreprise, que deux expériences antérieures, celle de M. Henri Giffard, en 1852, et celle de M. Dupuy de Lôme, en 1872. Dans le petit modèle que j'ai

Le premier aérostat électrique à hélice de M[...]. — Expérience du 8 octobre [...].

fait fonctionner, lors de l'Exposition d'électricité, j'ai adopté, comme mode de suspension de la nacelle, une perche longitudinale inférieure, analogue à celle du navire aérien à vapeur de M. Giffard. Il nous a semblé depuis, qu'il y aurait avantage à placer l'hélice à l'arrière d'une grande nacelle parallélépipédique, ayant une hauteur suffisante pour protéger le propulseur contre le danger d'un choc à la descente. La nacelle dans ce cas serait reliée à l'aérostat par des cordes de suspension obliques, et les déformations du système seraient évitées au moyen de brancards flexibles fixés des deux côtés de l'aérostat.

La construction de l'aérostat, ainsi comprise, a été exécutée avec beaucoup d'habileté par mon frère, qui a mis à profit ses talents d'architecte. Cette construction a été exécutée dans les ateliers de M. Lachambre, qui s'est chargé de la confection du nouveau navire aérien. Un petit modèle de 15^{mc} a d'abord été exécuté par mon frère, et ce n'est qu'après en avoir étudié le fonctionnement à l'état captif que la construction du grand aérostat a été commencée.

L'aérostat électrique a une forme semblable à celle des ballons de M. Giffard et de M. Dupuy de Lôme; il a 28^m de longueur de pointe en pointe et $9^m,20$ de diamètre au milieu (*fig.* 11 et 14 et *Pl. III*). Il est muni, à sa partie inférieure, d'un cône d'appendice terminé par une soupape automatique (*fig.* 13 et 14). Cette soupape, très légère, est formée d'une membrane de baudruche tendue sur un cercle de fer galvanisé; elle est soutenue par des ressorts de caoutchouc, qui la maintiennent contre l'ouverture inférieure de l'aérostat, et lui permettent de s'ouvrir sous l'action de la poussée du gaz (*fig*. 15). Le tissu est formé de percaline

Fig. 15.

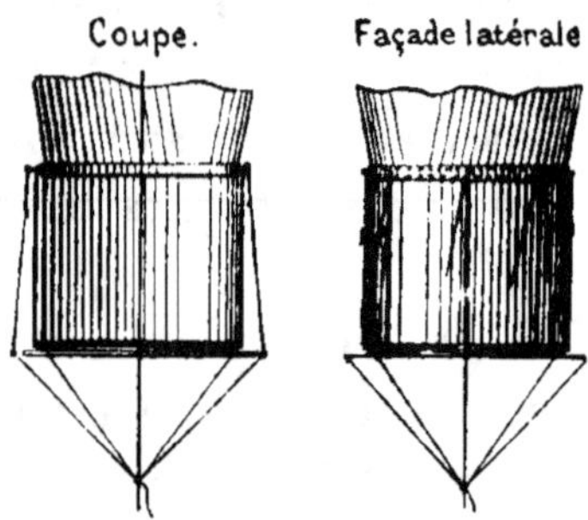

Détail de la soupape automatique de l'appendice de l'aérostat.

rendue imperméable par un nouveau vernis d'excellente qualité ([1]). Le volume du ballon est de 1060^{mc}.

La housse de suspension est formée de rubans cousus à des fuseaux longitudinaux qui les maintiennent dans la position géométrique qu'ils doivent occuper. Les rubans, ainsi disposés, s'appliquent parfaitement sur l'étoffe gonflée et ne forment aucune saillie, comme le feraient les mailles d'un

---

([1]) Ce produit est préparé par M. Arnoul, fabricant de vernis à Saint-Ouen-l'Aumône.

filet. Nous reproduisons ci-dessous l'épure qui a
servi à tailler les fuseaux de l'aérostat et les différentes parties de la housse (*fig.* 16).

La housse de suspension est fixée sur les flancs

Fig. 16.

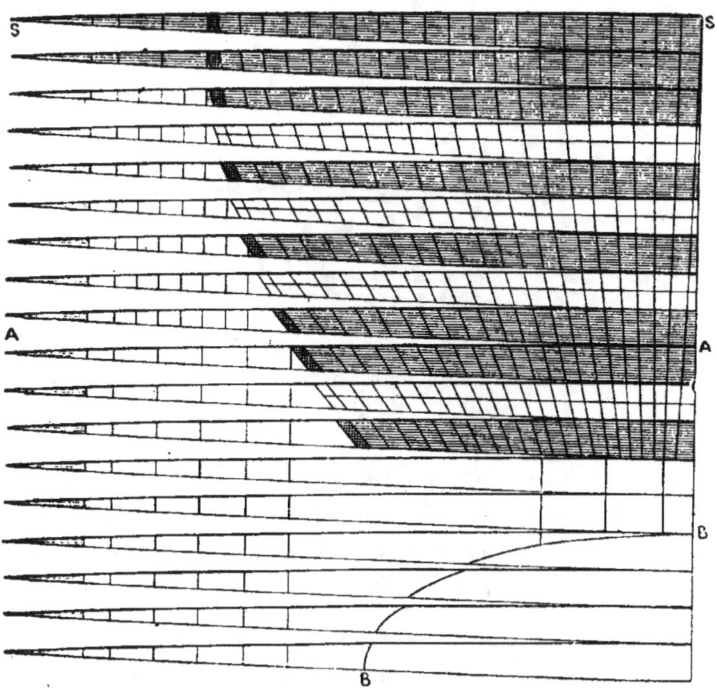

Développement des fuseaux du premier aérostat électrique à
hélice indiquant le tracé des rubans de suspension.
AA tracé de l'équateur. — BB tracé de la courbe de l'appendice.
(Épure de M. Albert Tissandier.)

de l'aérostat, à deux brancards latéraux flexibles,
qui en épousent complétement la forme, de pointe

en pointe, en passant par l'équateur. Ces brancards
sont formés de minces lattes de noyer adaptées à des
bambous sciés longitudinalement ; ils sont consolidés par des lanières de soie (*fig.* 17). A la partie
inférieure de la housse, des pattes d'oie se termi-
nent par vingt cordes de suspension qui s'attachent
par groupe de cinq (*fig.* 18) aux quatre angles
supérieurs de la nacelle. Les pattes d'oie se ratta-

Fig. 17.

Détails de construction des brancards latéraux flexibles de
l'aérostat, formés de planchettes de noyer ou de demi-bambous
recouverts de lanières de soie.

chent à la housse par des œillets fixés à la partie
inférieure de celle-ci, dont le rebord est consolidé
par des petits cylindres légers en bois de sapin,
cousus dans l'étoffe (*fig.* 19).

La nacelle a la forme d'une cage ; elle a été construite, à l'aide de bambous assemblés, consolidés
par des cordes et des fils de cuivre, recouverts de
gutta-percha (*fig.* 20). La partie inférieure de la
nacelle est formée de traverses en bois de noyer qui
servent de support à un fond de vannerie d'osier.
Les cordes de suspension enveloppent entièrement
la nacelle ; elles sont tressées dans la vannerie infé-

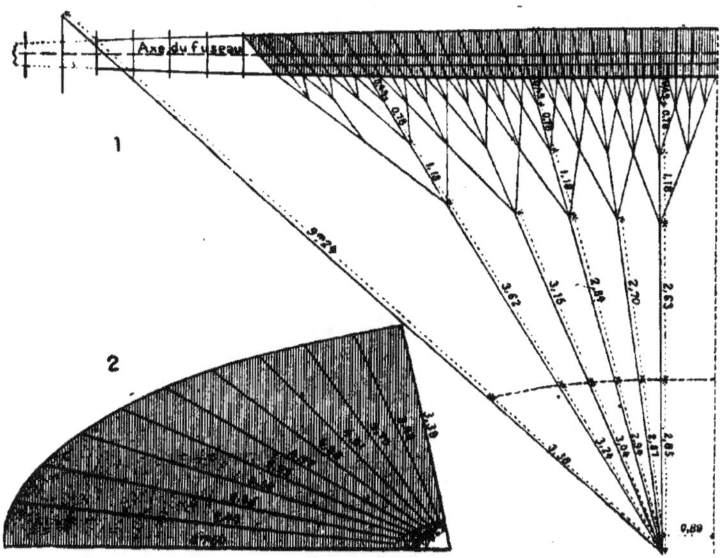

Nº 1. Pattes d'oie de cordes du premier aérostat électrique à
hélice, groupes de cinq cordes. — Nº 2. Développement
des génératrices du cône d'appendice.
(Épure de M. Albert Tissandier.)

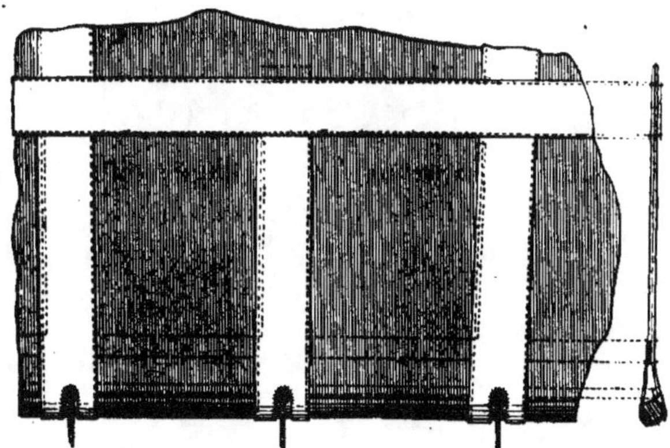

Détail de la construction de la housse, avec les sangles de
suspension, et les points d'attache des pattes d'oie.

rieure et ont été préalablement entourées d'une
gaine de caoutchouc, qui, en cas d'accident, les

Fig. 20.

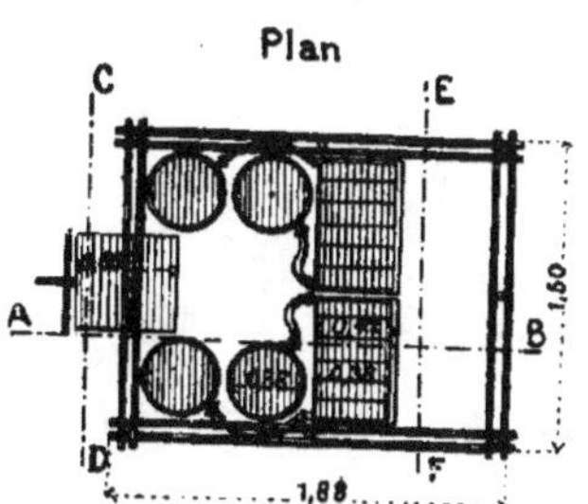

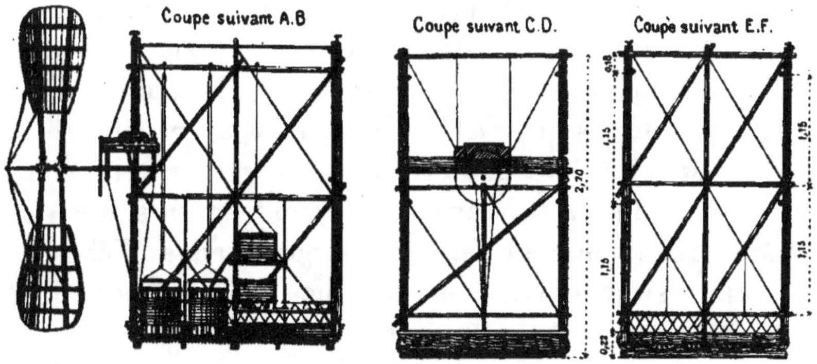

La nacelle du premier aérostat électrique à hélice.
(Plan de M. Albert Tissandier.)

préserveraient du contact du liquide acide contenu
dans la nacelle pour alimenter les piles.

Les cordes de suspension sont reliées horizontalement entré elles par une couronne de cordage,
située à 2^m au-dessus de la nacelle.

Les engins d'arrêt pour la descente, guide-rope
et corde d'ancre, sont attachés à cette couronne,

qui a en outre pour but de répartir également la
traction à la descente. Le gouvernail formé d'une
grande surface de soie non vernie, maintenue à sa
partie inférieure par un bambou, y est aussi adapté
à l'arrière.

La batterie électrique. — Sa disposition dans sa nacelle. — Poids du matériel.

La batterie électrique que l'on peut appeler le
générateur de l'aérostat à hélice, comprend à peu
près la même surface de zincs et de charbons que
dans notre batterie d'essai dont nous avons fait les
mesures : même nombre de piles, même volume
de liquide. Je suis arrivé à réduire considérablement son volume en employant quatre auges d'ébonite à six compartiments, au lieu de vingt-quatre
récipients isolés les uns des autres. J'ai, en outre,
donné un peu plus de hauteur aux vases, ce qui
m'a permis de gagner ainsi sur leur largeur. La
fig. 21 représente une des quatre batteries employées dans l'aérostat électrique, telle qu'elle
a été essayée dans le laboratoire. Elle comprend,
comme on le voit, une grande auge à six compartiments ; chaque compartiment formant un
élément de pile, renferme, montés sur des tiges
de cuivre plombé, onze charbons minces et dix
zincs, placés alternativement les uns à côté des

Une des quatre batteries de piles à bichromate, employée dans le premier aérostat électrique a hélice.

autres. — Les zincs sont tenus à leur partie supérieure dans des pinces flexibles qui permettent de
les renouveler facilement après chaque expérience ;
ces zincs ont $0^m,0015$ d'épaisseur pour faire fonctionner la pile pendant trois heures. Ils doivent être
parfaitement amalgamés. Chaque compartiment
est muni, à sa partie inférieure, d'un mince tube
d'ébonite qui communique à un conduit latéral,
relié par l'intermédiaire d'un tube de caoutchouc
à un grand seau d'ébonite très léger, contenant la
solution acide de bichromate de potasse. Quand on
lève le seau, à l'aide d'une cordelette passant dans
des moufles, au-dessus du niveau de la batterie,
celle-ci se remplit par le principe des vases communicants, le liquide agit sur les zincs, le courant
passe ; quand on baisse le seau au-dessous, de telle
façon qu'il occupe la position de la *fig.* 21, le liquide y rentre par le tube de caoutchouc, la pile
se vide et cesse de fonctionner. On voit que par
ce système, les piles communiquent entre elles,
mais uniquement par des conduits étroits ; la résistance du liquide est assez grande pour que cette
communication n'ait aucune influence sur le débit,
quoique les éléments soient montés en tension.
Dans la nacelle de l'aérostat électrique, il y avait
quatre batteries semblables à celle de la *fig.* 21 ;
soit vingt-quatre éléments montés en tension,
alimentés par quatre seaux d'ébonite contenant
chacun trente litres de la dissolution de bichromate de potasse. (*Voir* le plan de la nacelle, *fig.* 20.)

La batterie est arrimée dans la nacelle qui a
1^m,90 de longueur et 1^m,45 de largeur, de manière
à occuper le moins de place possible. Deux auges
d'ébonite formant douze éléments sont placées
transversalement à 0^m,35 du fond de la nacelle, et
les deux autres se trouvent fixées à 0^m,15 au-dessus;
ces auges sont placées sur des traverses de bois et
consolidées par des fils tendeurs; les réservoirs
d'ébonite des deux angles postérieurs de la nacelle
alimentent les piles du haut, les deux autres réservoirs placés plus près de la batterie, alimentent les
piles inférieures (*fig*. 20 et *Pl. IV*). Un espace libre
est réservé entre les quatre seaux pour l'opérateur
qui peut tout faire fonctionner lui-même, ayant sous
la main les cordelettes pour lever les seaux, les cro-
chets pour fixer ces cordelettes à hauteur voulue,
le commutateur à godet de mercure pour faire
passer le courant, et les cordes du gouvernail de
l'aérostat.

La dissolution de bichromate de potasse employée pour faire fonctionner la pile est très concentrée et très acide; elle est versée dans les seaux
à 40° environ de température, ce qui permet d'augmenter considérablement la quantité de sel dissous,
et d'accroître sensiblement le débit. Quand les
24 éléments montés en tension agissent sur le moteur, le travail effectif produit, est de 100^{kgm}.

Le commutateur à godet de mercure employé
est disposé de telle sorte qu'il permet de faire
passer à volonté le courant de 6, 12, 18 ou 24 élé-

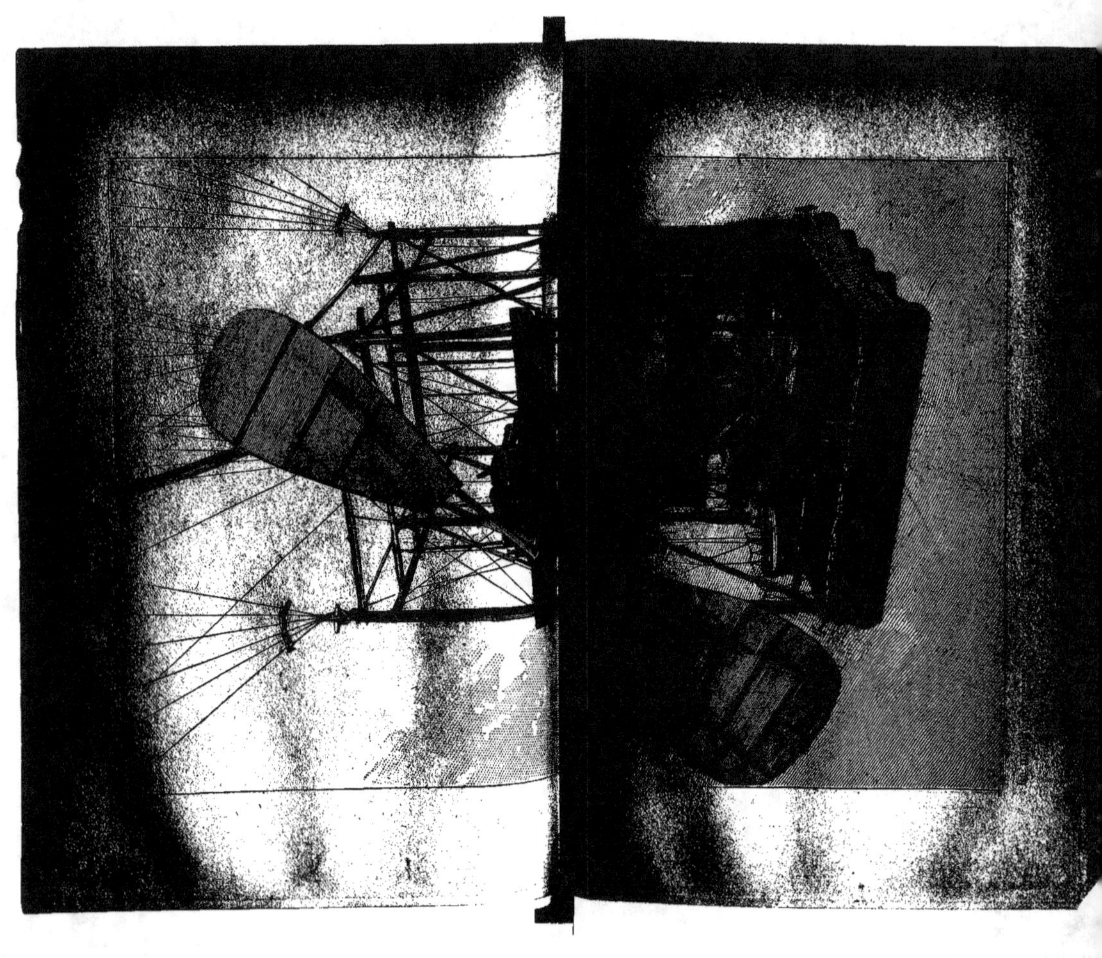

ments et d'avoir ainsi quatre vitesses de l'hélice.

La *fig*. 22 donne le schema du montage de la batterie et du commutateur à godets de mercure. Les quatre auges de la batterie sont représentées en A B C D en haut de la figure; chaque auge formant six couples, est reliée à la suivante par ses

Fig. 22.

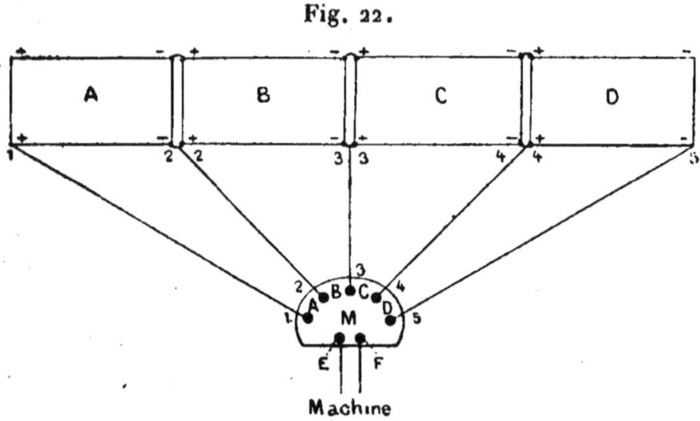

Schema du commutateur a godets de mercure.

pôles extrêmes, 2, 3, 4. Le commutateur à godets de mercure, confectionné en buis, est représenté au bas de la figure, en M. Des fils conducteurs mettent en communication les bornes 1, 2, 3, 4, 5, avec les godets de mercure, figurés en noir, 1, 2, 3, 4, 5. Les pôles de la machine communiquent avec les godets de mercure E et F. Pour faire passer le courant de six éléments, il suffit, à l'aide de deux fourchettes de cuivre rouge, de mettre en communication le mercure du godet A et celui du godet E, et en même temps le mercure du godet B avec le mercure du godet F ; le circuit se trouve fermé. En déplaçant la deuxième fourchette, de manière à faire plonger successivement l'une de ses branches dans les godets 3, 4, 5, on fait passer le courant de 12, 18 ou 24 couples. Cette disposition permet en outre de se servir indifféremment de l'une quelconque des auges que l'on veut faire fonctionner.

Les quatre seaux d'ébonite, formant réservoirs, sont recouverts d'une feuille solide de caoutchouc percée d'un petit trou pour laisser passer l'air quand le liquide s'écoule, et ligaturée autour du seau à l'aide d'un fil de cuivre entouré de gutta-percha. Ce mode de fermeture est très sûr, et, en cas de choc, pas une goutte de liquide ne peut jaillir au dehors. Les seaux d'ébonite vides ne pèsent que 3^{kg} chacun ; ils sont consolidés par une vannerie qui leur sert de support ; des cordelettes passant dans des poulies à moufle servent à les lever au-dessus des piles pour les remplir et à les descendre au-dessous, pour les vider. Le fond de la nacelle est garni d'une cuvette de caoutchouc, qui recevrait le liquide en cas d'accident. La pile toute chargée avec le liquide pèse 180^{kg} environ.

Un petit panier d'osier, bien visible dans notre grande gravure (*Pl. IV*), a été placé sous le moteur ; il contient la burette à l'huile pour le moteur, une petite bouteille contenant du mercure pour remplir les godets du commutateur ; il renferme en outre les outils nécessaires à démonter la pile en cas d'accident. Toute cette partie de la nacelle forme l'arrière. A l'avant, la place est réservée aux sacs de lest et aux engins d'arrêt, et à celui qui les manœuvre à la descente.

Voici les poids des différentes parties de ce matériel :

Aérostat, avec ses soupapes.............	170^{kg}
Housse, avec le gouvernail et les cordes de suspension	70
Brancards flexibles latéraux............	34
Nacelle...............................	100
Moteur, hélice, et piles avec le liquide pour les faire fonctionner pendant 3^h.......	280
Engins d'arrêt (ancre et guide-rope).....	50
Poids du matériel fixe	704^{kg}
Deux voyageurs avec instruments	150
Poids du lest enlevé...................	386
Poids total	1240^{kg}

Lors de notre première ascension, la force ascensionnelle était, en comptant 10^{kg} d'excès de force pour l'ascension, de 1250^{kg}. Le volume du ballon étant de 1060^m, le gaz avait donc une force ascensionnelle de 1180^{gr} par mètre cube.

Première expérience de MM. Tissandier frères, le 8 octobre 1883.

Depuis la fin de septembre 1883, l'appareil à gaz était prêt à fonctionner ; l'aérostat était étendu sur le terrain, sous une longue tente mobile, afin de pouvoir être étalé comme l'indique le plan ci-contre (*fig.* 23) et être gonflé immédiatement ; la nacelle et le moteur étaient tout arrimés sous un hangar qui les contenait ; mon frère et moi, nous n'attendions plus que le beau temps pour exécuter notre expérience.

Dès le samedi 6 octobre, une hausse barométrique a été signalée ; le dimanche 7, le temps s'est mis au beau, avec vent faible : nous avons décidé que l'expérience aurait lieu le lendemain, lundi 8 octobre 1883.

Le gonflement de l'aérostat a commencé à 8^h du matin et a été continué sans interruption jusqu'à $2^h 30^m$ de l'après-midi. Cette opération a été facilitée par des cordes équatoriales qui pendaient à droite et à gauche de l'aérostat, et le long desquelles on descendait les sacs de lest. Ces cordes n'ont pas été dessinées sur les figures qui représentent l'aérostat fusiforme, parce qu'après le gonflement, elles sont réunies entre elles et ramenées dans la nacelle. Le navire aérien étant tout à fait gonflé, il a été procédé de suite à l'installation de la nacelle et des réservoirs d'ébonite contenant

chacun 3o^{lit} de la dissolution acide de bichromate
de potasse. A 3^{h}2o^m, après avoir entassé le lest
dans la nacelle et avoir procédé à l'équilibrage,

Fig. 23.

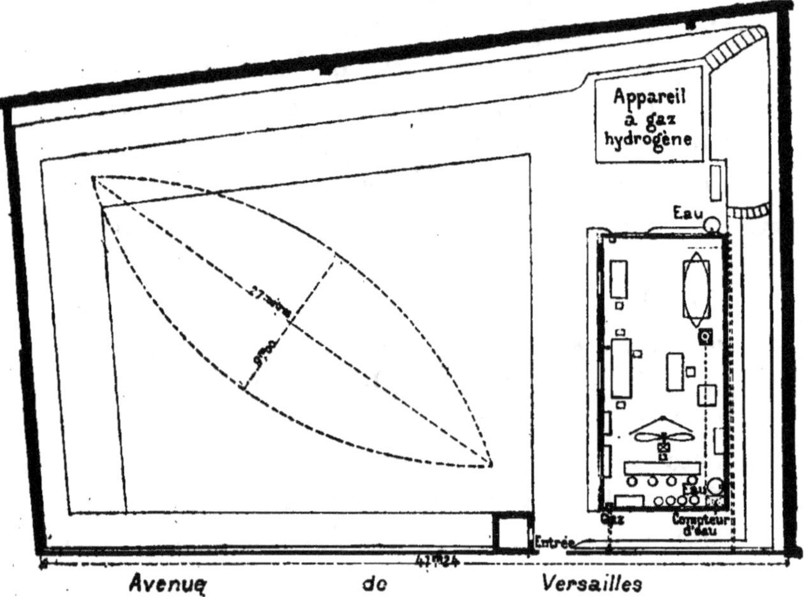

Plan de l'atelier aérostatique d'Auteuil (94, avenue de Versailles) avec
l'emplacement occupé par l'aérostat.

nous nous sommes élevés lentement dans l'atmosphère par un faible vent E. S. E.

A terre, le vent était presque nul, mais comme
cela se présente fréquemment, il augmentait de
vitesse avec l'altitude et nous avons pu constater,
par la translation de l'aérostat au-dessus du sol,

5.

qu'il atteignait à 5oo^m de hauteur une vitesse de 3^m à la seconde.

Mon frère était spécialement occupé à régler le jeu de lest, dans le but de bien maintenir l'aérostat à une altitude constante et peu éloignée de la surface du sol. L'aérostat a très régulièrement plané à une hauteur de quatre ou cinq cents mètres au-dessus de la terre ; il est resté constamment gonflé, et le gaz en excès s'échappait même par la dilatation, en ouvrant sous sa pression la soupape automatique inférieure dont le fonctionnement a été très régulier.

Quelques minutes après le départ, j'ai fait fonctionner la batterie de piles au bichromate de potasse, composée des quatre auges à six compartiments que j'ai décrites, formant vingt-quatre éléments montés en tension. Le commutateur à mercure nous a permis de faire fonctionner à volonté, et avec la plus grande facilité, six, douze, dix-huit ou vingt-quatre éléments, et d'obtenir ainsi quatre vitesses différentes de l'hélice, variant de soixante à cent quatre-vingts tours par minute. Avec douze éléments en tension, nous avons constaté que la vitesse propre de l'aérostat dans l'air était insuffisante, mais au-dessus du Bois de Boulogne, quand nous avons fait fonctionner notre moteur à grande vitesse, à l'aide des vingt-quatre éléments, l'effet produit s'est trouvé beaucoup plus favorable. La translation de l'aérostat devenait subitement appréciable, et nous sentions un vent frais produit par notre déplacement horizontal. Quand l'aérostat faisait face au vent, alors que sa pointe de l'avant était dirigée vers le clocher de l'église d'Auteuil, voisine de notre point de départ, il tenait tête au courant aérien et restait immobile, ce que nous pouvions constater en prenant sur le sol des points de repère au-dessous de notre nacelle. Malheureusement, il ne restait pas longtemps dans cette position favorable, et quand il avait bien fonctionné pendant quelques instants, il se trouvait soumis, tout à coup, à des mouvements giratoires que le jeu du gouvernail était impuissant à maîtriser complètement.

Malgré ces rotations que nous avons trouvé le moyen d'éviter complètement dans notre deuxième expérience, nous avons recommencé la même manœuvre pendant plus de vingt minutes, ce qui nous a permis de stationner sensiblement au-dessus du Bois de Boulogne.

Quand nous avons essayé de nous déplacer en coupant le vent dans une direction perpendiculaire à la marche du courant aérien, le gouvernail se gonflait comme une voile et les rotations se produisaient avec beaucoup plus d'intensité. Nous estimions, d'abord, d'après ces faits, que la position que doit occuper un navire aérien doit être telle que son grand axe ne fasse avec la ligne du vent qu'un angle de quelques degrés, mais notre expérience du 26 septembre 1884 nous a montré que lorsque le navire aérien a une bonne stabilité de route, il peut naviguer dans toutes les directions par rapport au sens du courant aérien.

Après avoir procédé aux expériences que nous venons de décrire, nous avons arrêté le moteur, et l'aérostat a passé au-dessus du Mont-Valérien. Une fois qu'il eut bien pris l'allure du vent, nous avons recommencé à faire tourner l'hélice, en marchant cette fois dans le sens du courant aérien ; la vitesse de translation de l'aérostat était accélérée ; par l'action du gouvernail nous obtenions facilement alors des déviations à gauche et à droite de la ligne du vent. Nous avons constaté ce fait en prenant comme précédemment des points de repère sur le sol ; plusieurs observateurs l'ont, d'ailleurs, vérifié, à la surface du sol.

A $4^h 35^m$, nous avons opéré notre descente dans une grande plaine qui avoisine Croissy-sur-Seine ; les manœuvres de l'atterrissage ont été exécutées par mon frère avec un plein succès. Nous avons laissé l'aérostat électrique gonflé toute la nuit, et, le lendemain, il n'avait pas perdu la moindre quantité de gaz ; il était aussi bien gonflé que la veille. Peintres, photographes ont pu prendre l'aspect de notre navire aérien au milieu d'une foule nombreuse et sympathique que la nouveauté du spectacle avait attirée de toutes parts (*fig.* 24).

Nous aurions voulu recommencer le jour même une nouvelle ascension ; mais le froid de la nuit avait déterminé la cristallisation du bichromate de potasse dans nos réservoirs d'ébonite, et la pile, qui

Le premier aérostat électrique à hélice le lendemain de son
atterrissage, à Croissy-sur-Seine (9 octobre 1883).
(D'après une photographie de M. Ducom.)

était loin d'être épuisée, se trouvait cependant ainsi hors d'état de fonctionner. Nous avons fait conduire l'aérostat à l'état captif sur le rivage de la Seine près du pont de Croissy, et là, à notre grand regret, nous avons dû procéder au dégonflement, et perdre en quelques instants ce gaz que nous avions mis tant de soins à préparer.

Nous avons été aidés dans toutes ces opérations, avec la plus aimable obligeance, par la population de la localité et par plusieurs propriétaires des villas voisines.

Sans entrer dans de plus longs détails au sujet de notre retour (¹), nous pouvons conclure de cette première expérience :

Que l'électricité fournit à l'aérostat un moteur des plus favorables, et dont le maniement dans la nacelle est d'une incomparable facilité;

Que dans le cas particulier de notre aérostat électrique, quand notre hélice de $2^m,8o$ de diamètre tournait avec une vitesse de 180 tours à la minute, avec un travail effectif de 100^{kgm}, nous arrivions à tenir tête à un vent de 3^m à la seconde et en descendant le courant à nous dévier de la ligne du vent avec une grande facilité;

Que le mode de suspension d'une nacelle à un

(¹) Nous dirons ici que notre matériel a pu être ramené à Paris sans que rien absolument ait subi la moindre avarie; grâce au mode de fermeture de nos réservoirs d'ébonite, pas une seule goutte de liquide n'a été répandue dans la nacelle, et pas un seul charbon mince de la pile n'a été cassé.

aérostat allongé, par des sangles obliques maintenues au moyen de brancards latéraux flexibles,
assure une stabilité parfaite au système.

« Nous devons ajouter, disions-nous le 15 octobre 1883 (¹), que notre ascension du 8 octobre ne
doit être considérée que comme une expérience
d'essai préliminaire qui sera renouvelée avec les
améliorations que comporte notre matériel. Nous
ferons observer surtout que nous avions dans la
nacelle un excès considérable de lest et qu'il nous
serait facile, dans la suite, d'employer un moteur
beaucoup plus puissant.

« La navigation aérienne ne sera pas créée en
une seule fois ; elle nécessite des essais nombreux,
des efforts multipliés, et une persévérance à toute
épreuve. »

Deuxième expérience de MM. Tissandier frères, le 26 septembre 1884.

A la suite de l'ascension que nous avons exécutée le 8 octobre 1883, nous nous sommes immédiatement occupés à modifier quelques parties du
matériel et refaire notamment de toutes pièces le
gouvernail, dont le rôle n'est pas moins important
que celui du propulseur.

(¹) *Comptes rendus de l'Académie des Sciences.* (Séance
du 15 octobre 1883.)

Nous avons exécuté, le vendredi 26 septembre 1884, un deuxième essai ; il a donné tous les résultats que nous pouvions attendre d'une construction faite exclusivement dans un but d'étude expérimentale. Cet essai a été exécuté deux mois après la première expérience de MM. Ch. Renard et A. Krebs ; mais des retards absolument indépendants de notre volonté ne nous avaient pas permis d'être prêts avant cette époque (¹). Notre aérostat, dont la stabilité, comme on l'a vu précédemment, n'a jamais rien laissé à désirer, obéit à présent avec la plus grande sensibilité aux mouvements du gouvernail, et il nous a permis d'exécuter au-dessus de Paris des évolutions nombreuses dans des directions différentes, et de remonter même, à plusieurs reprises, le courant aérien avec vent debout, comme ont pu le constater des milliers de spectateurs.

L'aérostat a été gonflé avec le grand appareil à gaz hydrogène, dont nos lecteurs ont eu précédemment la description (²). A 4^h de l'après-midi, il était entièrement arrimé et prêt à partir. Nous avons essayé à terre la machine dynamo-élec-

---

(¹) Au mois de juillet 1883, nous avons gonflé notre aérostat électrique, mais à la fin de l'opération un fort vent s'est élevé et nous avons dû renoncer à notre expérience. L'aérostat est resté gonflé jusqu'au lendemain, mais le vent n'avait fait qu'augmenter d'intensité ; l'essai devenait impossible, et nous dûmes procéder au dégonflement.

(²) *Voir* page 24.

trique; mon frère et moi, nous sommes montés dans la nacelle avec un ancien marin, notre cordier, M. Lecomte, qui, ayant bien voulu se charger des manœuvres du gouvernail, a pris place à la partie supérieure de la cage de bambou, sur un petit banc de vigie construit spécialement à cet effet. L'ascension a eu lieu à $4^h 20^m$, au milieu des applaudissements et des clameurs d'une foule considérable réunie dans les environs([1]). Mon frère Albert s'était chargé du jeu de lest, destiné à maintenir l'aérostat au même niveau; M. Lecomte, tenant de chaque main les drosses du gouvernail, faisait virer de bord selon la direction que nous voulions prendre; quant à moi, je m'occupais spécialement de faire fonctionner le moteur et de prendre le point.

A 400^m d'altitude, nous avons été entraînés par un vent assez vif du N.-O. et aussitôt l'hélice a été mise en mouvement, d'abord à petite vitesse; quelques minutes après, tous les éléments de la

---

([1]) Nous sommes heureux d'adresser tous nos remerciements à tous ceux qui ont bien voulu nous prêter leur concours pour l'arrimage de l'aérostat et l'équilibrage, au moment de l'ascension. M. Léchevalier, entrepreneur, qui a construit notre appareil à gaz, M. Comme, qui a confectionné la nacelle, et M. Lecomte, cordier, nous ont obligeamment aidés pendant le gonflement. M. Lachambre, aéronaute constructeur, et ses aides nous ont tout particulièrement été utiles. Nous remercions aussi M. Gabriel Yon, le praticien bien connu, et M. Louis Godard jeune, qui ont exécuté l'équilibrage au moment du départ, avec M. Lachambre et nombre de spectateurs sympathiques et dévoués.

Fig. 25.

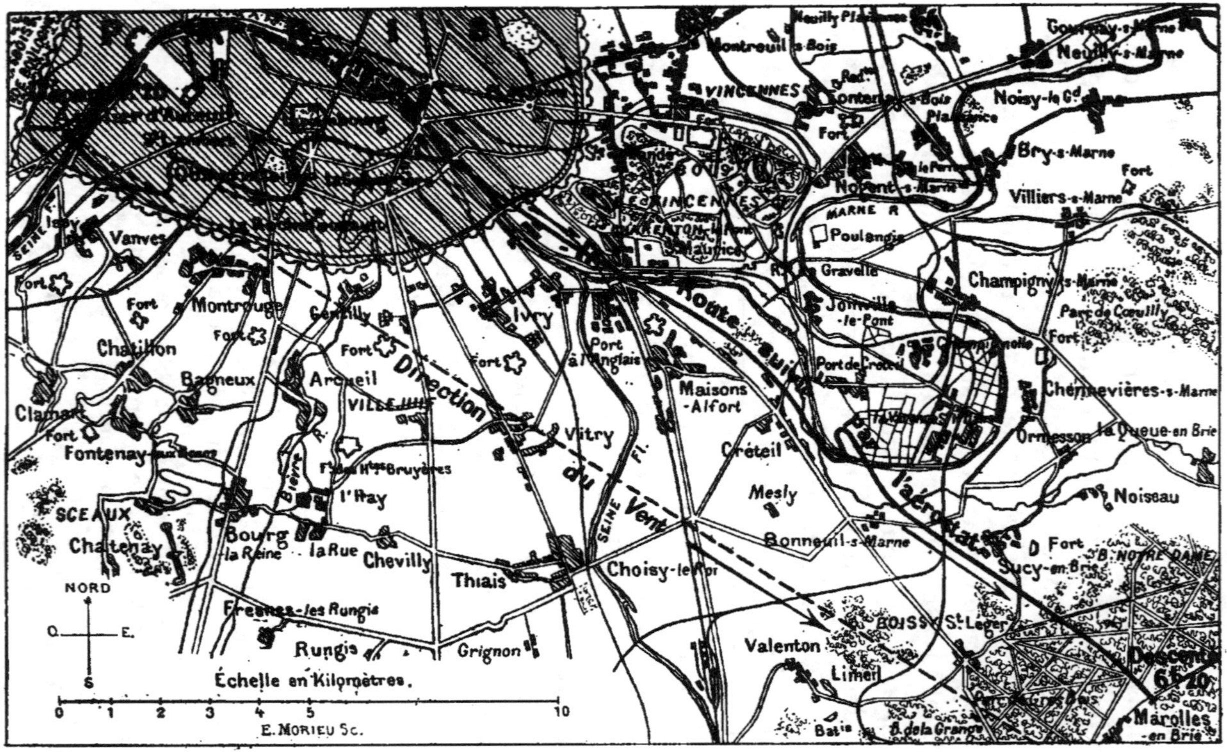

Tracé du voyage aérien exécuté par MM. Tissandier frères, le 26 septembre 1884, dans leur aérostat électrique à hélice. — La ligne pleine indique la route suivie par l'aérostat; la ligne ponctuée donne la direction du vent

pile, montés en tension, ont donné leur maximum de débit. Grâce aux dimensions plus volumineuses de nos lames de zinc et à l'emploi d'une dissolution de bichromate de potasse plus chaude, plus acide et plus concentrée, il nous a été donné de disposer d'une force motrice effective de 1 cheval et demi, avec une rotation de l'hélice de 190 tours à la minute.

L'aérostat a d'abord suivi presque complètement la ligne du vent, puis il a viré de bord sous l'action du gouvernail, et décrivant une demi-circonférence, il a navigué vent debout. Nous sentions alors un air très vif qui soufflait avec assez de force et nous indiquait que nous luttions contre le courant. En prenant des points de repère sur la verticale, nous constations que nous nous rapprochions très lentement, mais sensiblement, de la direction d'Auteuil, ayant une complète stabilité de route. La vitesse du vent était environ de 3^m à la seconde, et notre vitesse propre, un peu supérieure, atteignait à peu près 4^m à la seconde. Nous avons ainsi remonté le vent au-dessus du quartier de Grenelle pendant plus de dix minutes; le tracé du voyage que nous publions ci-contre (*fig.* 25), indique ce mouvement d'évolution, qui nous conduisit jusqu'au-dessus de l'église Saint-Lambert.

Nous avions constaté avant notre ascension, par le lancement de petits ballons d'essais, et par l'observation des nuages, que les courants aériens supérieurs étaient trop rapides pour qu'il puisse nous être permis de revenir au point de départ; il nous eût été d'ailleurs de toute impossibilité de descendre dans notre terrain très exigu, et tout entouré d'arbres élevés ou de constructions.

Après notre première évolution, la route fut changée et l'avant du ballon tenu vers l'Observatoire; on nous vit recommencer dans le quartier du Luxembourg une manœuvre de louvoyage tout à fait semblable à celle que nous avions exécutée précédemment, et l'aérostat la pointe-avant contre le vent, a encore navigué quelques minutes à courant contraire pour remonter ensuite d'une façon très appréciable dans la direction du Nord.

Après avoir séjourné pendant quarante-cinq minutes au-dessus de Paris, l'hélice a été arrêtée à la hauteur du pont de Bercy, et l'aérostat laissé à lui-même, tout en étant maintenu à une altitude à peu près constante, a été aussitôt entraîné par un vent assez rapide. Il passa au sud du bois de Vincennes. A partir de cette localité, il nous a été facile de mesurer encore une fois, par le chemin parcouru au-dessus du sol, notre vitesse de translation et d'obtenir ainsi très exactement celle du courant aérien lui-même. Cette vitesse n'était pas constante; elle variait de 3^m à 5^m par seconde, et a changé fréquemment pendant le cours de notre expérience. Arrivés au-dessus de la Varenne-Saint-Maur, à $5^h 5o^m$, nous avions tout disposé pour la descente, devenue nécessaire par l'approche de la nuit. Le soleil se couchait au-dessus des brumes, quand nous remarquâmes que le vent diminuait sensiblement de vitesse. Mon frère me fit observer que, puisque notre pile était loin d'être épuisée, nous pourrions profiter de cette accalmie

Fig. 26.

L'aérostat électrique à hélice de MM. Tissandier frères, avec la nouvelle disposition de son gouvernail. (Expérience du 26 septembre 1884.)

pour recommencer de nouvelles évolutions, ne serait-ce que pendant quelques minutes. Aussitôt je pris mes dispositions pour remettre la machine en mouvement; nous vîmes alors l'aérostat obéir facilement à son action, et remonter, avec beaucoup plus de facilité que précédemment, le courant aérien devenu momentanément presque nul.

Si nous avions eu encore une heure devant nous, il ne nous aurait pas été impossible de revenir vers Paris.

Notre carte montre la rétrogradation de route exécutée au-dessus de la Marne, que nous avons traversée successivement deux fois en sens contraire. Cette manœuvre, à notre grand regret, dût être arrêtée promptement ; il ne fallait pas songer à retarder plus longtemps la descente à cause de la nuit.

L'atterrissage eut lieu près du bois Servon, à Marolles-en-Brie, canton de Boissy-Saint-Léger (Seine-et-Oise), à une distance de 25^{km} du point de départ, après un séjour de deux heures consécutives dans l'atmosphère.

Le vent de terre était assez vif ; notre guide-rope fut incapable de nous arrêter. Il fallut jeter l'ancre qui ne mordit pas immédiatement, et notre nacelle eut à subir l'action de deux légers chocs qui nous permirent d'éprouver la solidité de notre matériel. Il n'y eut absolument rien d'endommagé ([1]).

([1]) Nous ferons remarquer ici que, si les aérostats allongés ont une forme favorable à leur translation au sein de l'air, ils obéissent aussi beaucoup moins facilement à l'action du vent, à la descente, que ne le font les aérostats sphériques. Si le point d'attache des cordes d'arrêt, guide-rope et corde d'ancre, est placé dans le voisinage d'une pointe de l'aérostat, le navire allongé fait en quelque sorte girouette sous l'action du vent, et, offrant dans ce cas moins de surface qu'un ballon sphérique de même volume, il est arrêté avec beaucoup plus de facilité. Les aérostats fusiformes bien construits, loin d'être dangereux, offrent toute sécurité au point de vue du voyage aérien proprement dit.

La nouvelle disposition que nous avons adoptée, mon frère et moi, pour le gouvernail nous paraît devoir être signalée, comme très favorable à la station de route. Cet organe, confectionné en tissu de percaline lustrée, est placé à la pointe arrière extrême et il fait sensiblement saillie au delà de cette pointe. Il est divisé en deux parties bien distinctes ; la moitié de sa surface environ, est maintenue rigide, et constitue la quille du navire aérien, tandis que le gouvernail proprement dit qui forme la suite de cette quille peut être incliné à droite et à gauche (*fig.* 26 et 27), et déterminer, quand l'hélice est en rotation, un mouvement correspondant de tout l'appareil. Le gouvernail et la quille tendus par des cordelettes, sont montés sur un châssis de bambou, relié d'une part aux brancards longitudinaux de l'aérostat, et d'autre part à une pièce de bois de noyer très solide fixée au-dessous de l'hélice, à la partie inférieure de la nacelle. La surface du gouvernail et celle de la quille sont à peu près égales ; elles ont onze mètres carrés.

La translation de l'aérostat dans l'air est facilitée par la rigidité de sa surface, et un ballon dirigeable doit être toujours bien gonflé. Notre navire aérien, comme nous l'avons dit précédemment, est muni à sa partie inférieure d'une soupape automatique qui favorise ces conditions. Elle est réglée de telle sorte qu'elle augmente sensiblement la pression intérieure, tout en permettant à l'excès de gaz formé par la dilatation de s'échapper au dehors.

« L'ascension du 26 septembre 1884, avons-nous écrit le 29 du même mois (¹), aura donné une démonstration expérimentale de la direction des

Fig. 27.

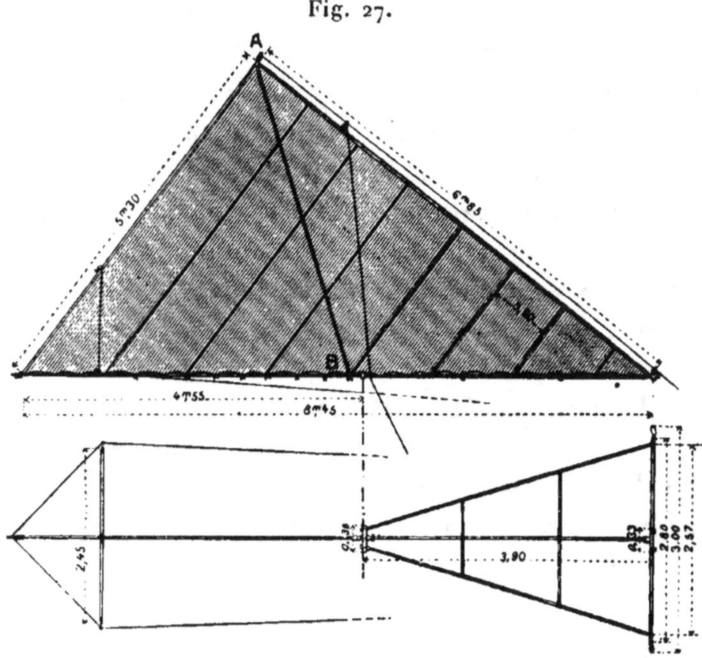

Détail du gouvernail et de la quille avec le châssis de bambou servant de support au système.

aérostats fusiformes symétriques avec hélice à l'arrière; et cela sans qu'il ait été nécessaire de rapprocher dans la construction, les centres de traction et de résistance. La disposition que nous

(¹) *Comptes rendus de l'Académie des Sciences.* (Séance du 29 septembre 1884.)

avons adoptée favorise considérablement la stabilité du système, sans exclure la possibilité de confectionner des aérostats très allongés et de très grande dimension, qui pourront seuls assurer l'avenir de la locomotion atmosphérique.

« MM. les capitaines Renard et Krebs ont brillamment démontré d'autre part que l'hélice pouvait être placée à l'avant et qu'il était possible de rapprocher considérablement la nacelle d'un aérostat pisciforme auquel elle est attachée ; ils ont obtenu, grâce à l'emploi d'un moteur très léger, une vitesse propre qui n'avait jamais été atteinte avant eux.

« Nous rendons hommage au grand mérite de l'œuvre de MM. Renard et Krebs, comme ces savants officiers l'ont fait eux-mêmes à l'égard de l'antériorité de nos essais, en ce qui concerne l'application de l'électricité à la navigation aérienne. »

DEUXIÈME PARTIE.

EXPÉRIENCES DE MM. CH. RENARD ET A. KREBS EN 1884.

AÉROSTAT DIRIGEABLE ÉLECTRIQUE
DE CHALAIS-MEUDON.

Expérience du 9 août 1884.

Le dimanche 10 août 1884, on lisait à Paris un article inséré dans le *Petit Moniteur Universel*, sous le titre : *Une magnifique découverte, la direction des aérostats*. Cette notice donnait la description de l'expérience que deux officiers de l'armée française, MM. Ch. Renard et A. Krebs, venaient d'exécuter la veille à l'usine aéronautique militaire de Chalais-Meudon.

Voici en quels termes M. Hervé Mangon annonçait officiellement cette grande expérience à ses collègues de l'Académie des Sciences, dans la séance du 18 août :

« J'ai l'honneur de présenter à l'Académie une

note de M. le capitaine Renard et de M. le capitaine Krebs sur le ballon dirigeable construit à
l'atelier militaire de Chalais, à Meudon.

« La navigation aérienne est un art tout français ; non seulement l'invention des ballons est
due aux frères Montgolfier, mais tous les perfectionnements réalisés depuis eux sont l'œuvre de
Français : l'emploi de l'hydrogène, le filet, la soupape, sont dus au physicien Charles ; le parachute,
l'ancre-cône, sont également des inventions fran-
çaises. Les applications des ballons à l'art militaire
dès le commencement de la Révolution ont été
réalisés par le brave Coutelle, sous la haute direction
de Carnot et de Monge, avec le concours de l'esprit
d'invention et de la merveilleuse habileté de Conté ;
aujourd'hui encore, une brigade d'aéronautes seconde au Tonkin les efforts de nos soldats. Les
ascensions scientifiques faites en France ont été
plus nombreuses que partout ailleurs et l'Académie,
qui les a souvent encouragées, sait combien elles
ont été fructueuses en observations utiles.

« Pendant le siège terrible de Paris, en 1870-71,
les ballons, comme s'ils avaient voulu se montrer
reconnaissants pour leur patrie d'origine, ont
rendu des services pratiques d'une grande importance ; si, à défaut de ballons dirigeables qui
n'existaient pas encore, il nous a été impossible
d'avoir des nouvelles du dehors, au moins avons-
nous pu donner à tous nos départements des nouvelles de Paris investi.

« La direction des ballons n'a point cessé depuis leur origine de préoccuper les inventeurs ; Guyton de Morveau, dans sa célèbre ascension du 12 juin 1781, avait armé sa nacelle de rames légères, qui ne l'empêchèrent pas de suivre exactement la direction du vent.

« Dans ces dernières années, des essais très sérieux de direction des ballons ont été tentés. Le 24 septembre 1852, le regretté Henri Giffard essaya de se diriger avec une hélice mue par la vapeur ; en 1872, notre confrère M. Dupuy de Lôme, après une étude très approfondie et très remarquable du problème, voulut employer la force humaine comme moteur de son hélice ; l'année dernière enfin, M. Gaston Tissandier appliqua, le premier, la force d'une machine dynamo-électrique à la direction des ballons et s'éleva dans les airs avec un moteur de cette espèce.

« Aucun de ces essais n'avait donné de résultats indiscutables et véritablement pratiques. Pour la première fois, le 9 de ce mois, un ballon *véritablement dirigeable* s'est élevé dans les airs, il a suivi un itinéraire fixé à l'avance et il est revenu prendre terre au point même d'où il était parti.

« Cent ans environ après la découverte des frères Montgolfier, deux officiers français, M. Charles Renard et M. A. Krebs, ont eu l'honneur de réaliser les premiers un aérostat dirigeable et d'assurer à notre pays la gloire de la solution d'un problème regardé comme insoluble pendant de si longues années.

« La date du 9 août marquera dans l'histoire des Sciences appliquées, et l'armée française doit être fière de compter parmi ses membres les courageux aérostiers de notre première Révolution et les deux officiers qui viennent de résoudre pratiquement le problème de la direction des ballons.

« Je prie l'Académie de me permettre de lui donner quelques renseignements très brefs sur la mémorable expérience du 9 août 1884.

« Le ballon de MM. Renard et Krebs a 50^m de longueur et $8^m,40$ de diamètre au maître-couple. Sa forme est celle d'un solide de révolution géométriquement défini. Un ballonnet intérieur permet de maintenir le ballon complètement gonflé. L'hélice motrice est mise en mouvement par une machine dynamo-électrique et une pile remarquablement légères. Ce moteur peut donner huit chevaux et demi de force, mais pour le premier essai on n'a utilisé qu'une partie de cette puissance.

« Le samedi 9 août, à 4^h, par un temps calme, le ballon s'est élevé de l'atelier de Meudon, conduit par M. Renard et par M. Krebs; on a mis la machine en mouvement et l'on s'est dirigé vers le sud. L'un des officiers était particulièrement chargé du soin du gouvernail et de la direction dans le sens horizontal, l'autre maintenait le navire aérien à une hauteur régulière de 300^m environ. De la nacelle, on voyait l'ombre du ballon avancer régulièrement sur le sol, tandis que l'on ressentait l'impression d'un vent de bout léger, produit par la marche de l'appareil à raison de 5^m environ par seconde.

« Parvenus au-dessus de Villacoublay, à 4^{km} de Chalais, les deux officiers ont arboré le drapeau annonçant leur retour aux hommes restés à l'atelier. Ils ont viré de bord en décrivant un demi-cercle de 300^m de diamètre environ. Revenus vers Meudon, ils ont gouverné un peu à gauche pour rejoindre Chalais, et après deux ou trois manœuvres de machine en arrière et en avant, aussi précises que celles d'un steamer qui accoste, l'atterrissement a eu lieu au point même du départ.

« L'Académie accueillera avec satisfaction le succès de MM. Renard et Krebs, je la prie de vouloir bien insérer leur note dans le compte rendu de cette séance. »

Nous reproduisons *in extenso* la communication de MM. Ch. Renard et Krebs.

« Un essai de navigation aérienne, couronné d'un plein succès, vient d'être accompli dans les ateliers militaires de Chalais; la présente Note a pour objet de porter à la connaissance de l'Académie les résultats obtenus.

« Le 9 août, à 4^h du soir, un aérostat de forme allongée, muni d'une hélice et d'un gouvernail, s'est élevé en ascension libre, monté par MM. le

capitaine du génie Renard, directeur de l'établissement, et le capitaine d'infanterie Krebs, son col-
laborateur depuis six ans. Après un parcours total
de $7^{km},6$, effectué en vingt-trois minutes, le ballon
est venu atterrir à son point de départ, après avoir
exécuté une série de manœuvres avec une préci-
sion comparable à celle d'un navire à hélice évo-
luant sur l'eau.

« La solution de ce problème, tentée déjà en
1855, en employant la vapeur, par M. Henri
Giffard (¹), en 1872 par M. Dupuy de Lôme, qui
utilisa la force musculaire des hommes, et enfin
l'année dernière par M. Tissandier, qui le premier
a appliqué l'électricité à la propulsion des ballons,
n'avait été, jusqu'à ce jour, que très imparfaite,
puisque, dans aucun cas, l'aérostat n'était revenu
à son point de départ.

« Nous avons été guidés dans nos travaux par les
études de M. Dupuy de Lôme, relatives à la construction de son aérostat de 1870-72, et, de plus,
nous nous sommes attachés à remplir les conditions
suivantes :

« Stabilité de route obtenue par la forme du

(¹) Nous rectifierons ici une légère erreur de date. La première expérience de M. Henri Giffard, dans un aérostat à
vapeur à hélice, a été exécutée en 1852. C'est un deuxième
aérostat qui a fonctionné en 1855. Ce second aérostat était
remarquable par son allongement, mais il dut fonctionner
encore à jour fixe, et la vitesse du vent dépassait de beaucoup
la vitesse propre du navire aérien.

ballon et la disposition du gouvernail ; diminution des résistances à la marche par le choix des dimensions ; rapprochement des centres de traction et de résistance pour diminuer le moment perturbateur de stabilité verticale ; enfin, obtention d'une vitesse capable de résister aux vents régnant les trois quarts du temps dans notre pays.

« L'exécution de ce programme et les études qu'il comporte ont été faites par nous en collaboration ; toutefois, il importe de faire ressortir la part prise plus spécialement par chacun de nous dans certaines parties de ce travail.

« L'étude de la disposition particulière de la chemise de suspension, la détermination du volume du ballonnet, les dispositions ayant pour but d'assurer la stabilité longitudinale du ballon, le calcul des dimensions à donner aux pièces de la nacelle, et enfin l'invention et la construction d'une pile nouvelle, d'une puissance et d'une légèreté exceptionnelles, ce qui constitue une des parties essentielles du système, sont l'œuvre personnelle de M. le capitaine Renard.

« Les divers détails de construction du ballon, son mode de réunion avec la chemise, le système de construction de l'hélice et du gouvernail, l'étude du moteur électrique calculé d'après une méthode nouvelle basée sur des expériences préliminaires, permettant de déterminer tous ses éléments pour une force donnée, sont l'œuvre de M. Krebs, qui, grâce à des dispositions spéciales, est parvenu à établir cct appareil dans des conditions dc légèreté inusitées.

« Les dimensions principales du ballon sont les suivantes : longueur, $50^m,42$; diamètre, $8^m,40$; volume, 1864^m.

« L'évaluation du travail nécessaire pour imprimer à l'aérostat une vitesse donnée a été faite de deux manières :

« 1° En partant des données posées par **M. Dupuy de Lôme** et sensiblement vérifiées dans son expérience de février 1872 ; 2° En appliquant la formule admise dans la marine pour passer d'un navire connu à un autre de formes très peu différentes et en admettant que, dans le cas du ballon, les travaux sont dans le rapport des densités des deux fluides.

« Les quantités indiquées en suivant ces deux méthodes concordent à peu près et ont conduit à admettre, pour obtenir une vitesse par seconde de 8^m à 9^m, un travail de traction utile de 5 chevaux de 75^{kgm}, ou, en tenant compte des rendements de l'hélice et de la machine, un travail électrique sensiblement double, mesuré aux bornes de la machine.

« La machine motrice a été construite de manière à pouvoir développer sur l'arbre 8,5 chevaux, représentant, pour le courant aux bornes d'entrée, 12 chevaux. Elle transmet son mouvement à l'arbre de l'hélice par l'intermédiaire d'un pignon engrenant avec une grande roue.

Fig. 28.

L'aérostat dirigeable électrique de MM. Ch. Renard et Krebs, expérimenté pour la première fois,
le 9 août 1884.

« La pile est divisée en quatre sections pouvant être groupées en surface ou en tension de trois manières différentes. Son poids, par cheval-heure, mesuré aux bornes, est de $19^{kg},35o$.

« Quelques expériences ont été faites pour mesurer la traction au point fixe, qui a atteint le chiffre de $6o^{kg}$ pour un travail électrique développé de $84o^{kg}$ et de 46 tours d'hélice par minute.

« Deux sorties préliminaires dans lesquelles le ballon était équilibré et maintenu à une cinquantaine de mètres au-dessus du sol ont permis de connaître la puissance de gyration de l'appareil. Enfin, le 9 août, les poids enlevés étaient les suivants (force ascensionnelle totale environ 2000^{kg}) :

Ballon et ballonnet....................	369^{kg}
Chemise et filet.....................	127
Nacelle complète....................	452
Gouvernail.........................	46
Hélice.............................	41
Machine............................	98
Bâtis et engrenage....................	47
Arbre moteur.......................	3o,5oo
Pile, appareils et divers...............	435,5oo
Aéronautes..........................	14o
Lest...............................	214
Total	2000^{kg}

« A 4^{h} du soir, par un temps presque calme, l'aérostat, laissé libre et possédant une très faible force ascensionnelle, s'élevait lentement jusqu'à hauteur des plateaux environnants. La machine fut mise en mouvement, et bientôt, sous son impulsion,

Fig. 29.

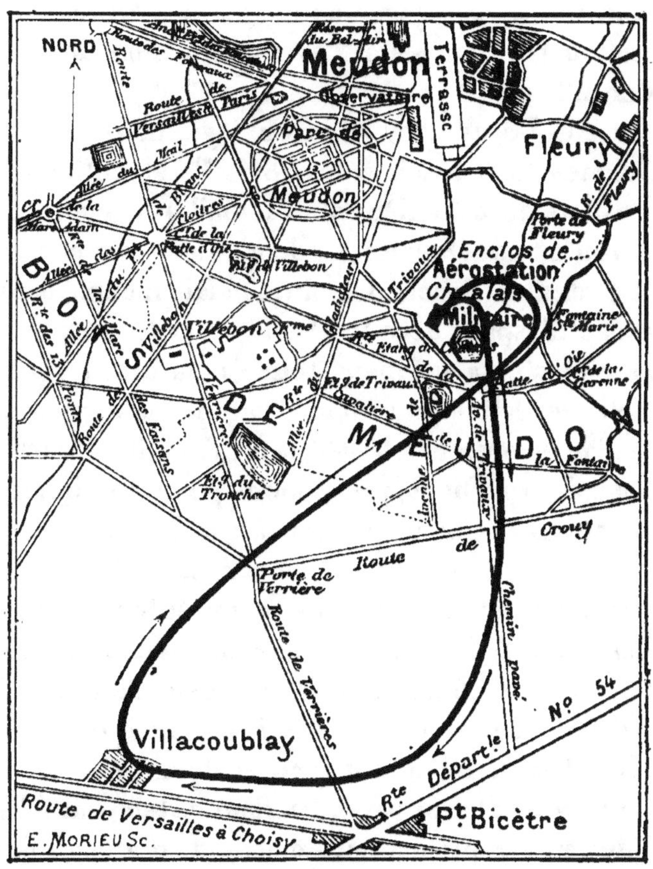

Tracé du voyage aérostatique exécuté le 9 août 1884,
par MM. Ch. Renard et Krebs.

l'aérostat accélérait sa marche, obéissant fidèlement
à la moindre indication de son gouvernail.

« La route fut d'abord tenue nord-sud, se dirigeant sur le plateau de Châtillon et de Verrières ; à hauteur de la route de Choisy à Versailles, et pour ne pas s'engager au-dessus des arbres, la direction fut changée et l'avant du ballon dirigé sur Versailles.

« Au-dessus de Villacoublay, nous trouvant éloignés de Chalais d'environ 4^{km} et entièrement satisfaits de la manière dont le ballon se comportait en route, nous décidions de revenir sur nos pas et de tenter de descendre sur Chalais même, malgré le peu d'espace découvert laissé par les arbres. Le ballon exécuta son demi-tour sur la droite avec un angle très faible (environ 11°) donné au gouvernail. Le diamètre du cercle décrit fut d'environ 300^m. Le dôme des Invalides, pris comme point de direction, laissait alors Chalais un peu à gauche de la route.

« Arrivé à hauteur de ce point, le ballon exécuta, avec autant de facilité que précédemment, un changement de direction sur sa gauche ; et bientôt il venait planer à 300^m au-dessus de son point de départ. La tendance à descendre que possédait le ballon à ce moment fut accusée davantage par une manœuvre de la soupape. Pendant ce temps il fallut, à plusieurs reprises, faire machine en arrière et en avant, afin de ramener le ballon au-dessus du point choisi pour l'atterrissage. A 80^m au-dessus du sol, une corde larguée du ballon fut saisie par des hommes, et l'aérostat fut ramené dans la prairie même d'où il était parti.

Chemin parcouru avec la machine, me-
   suré sur le sol.............................. $7^{km},600$

Durée de cette période .... 23^{m}

Vitesse moyenne à la seconde .... $5^{m},50$

Nombre d'éléments..................... 32

Force électrique dépensée aux bornes
   à la machine......................... 250^{kgm}

Rendement probable de la machine..... $0,70$

Rendement probable de l'hélice....... $0,70$

Rendement total, environ............. 125

Travail de traction.................. 123^{kgm}

Résistance approchée du ballon....... $22^{kg},800$

« A plusieurs reprises, pendant la marche, le ballon eut à subir des oscillations de 2° à 3° d'ampli-
tude, analogues au tangage ; ces oscillations peuvent
être attribuées soit à des irrégularités de forme,
soit à des courants d'air locaux dans le sens vertical.

« Ce premier essai sera suivi prochainement
d'autres expériences avec la machine au complet,
permettant d'espérer des résultats encore plus concluants. »

Deuxième expérience du 12 septembre 1884.

L'aérostat dirigeable électrique de Chalais-Meudon a été expérimenté pour la deuxième fois le vendredi 12 septembre 1884. Nous avons eu la bonne
fortune, mon frère et moi, d'être prévenus assez à
temps pour qu'il nous ait été possible d'assister aux
préparatifs et à l'exécution de cette grande expérience ; nous avons suivi, des hauteurs du bois de

Fig. 3o.

Deuxième expérience de MM. Ch. Renard et Krebs, le 17 septembre 1884. — Retour de l'aérostat remorqué à terre après sa descente à Velizy.

Meudon, avec un certain nombre de spectateurs venus des environs, toutes les évolutions du navire aérien de MM. Ch. Renard et Krebs, depuis son ascension jusqu'au moment de son atterrissage; il nous a été permis dans ces circonstances de recueillir des renseignements précis sur un matériel qui a si vivement attiré l'attention publique.

Dès la matinée du 12 septembre, l'aérostat à hélice était arrimé dans le vaste hangar, où, malgré ses dimensions, il se trouve complètement enfermé, à l'abri des intempéries atmosphériques. A $3^h 25^m$ de l'après-midi, un petit ballon d'essai a été lancé de l'enceinte de Chalais-Meudon; il était entraîné assez rapidement par un vent nord-est. Le ciel était bleu, de nombreux cumulus blancs planaient çà et là dans l'atmosphère; il y avait à terre une brise appréciable, et les feuilles des arbres étaient parfois agitées par un vent léger. A $3^h 55^m$, une voiture arriva devant le hangar même de Chalais-Meudon : M. le Ministre de la Guerre en descendit; il fut reçu par MM. les capitaines Renard et Krebs, qui lui firent visiter leur matériel à l'intérieur du hangar. A $4^h 25^m$, le moteur fut essayé à terre, et l'on aperçut à travers les vitres de la gare aérostatique l'hélice qui accomplissait ses rotations.

A $4^h 45^m$, l'aérostat fut détaché de ses amarres, sa longue nacelle, tenue par une quarantaine d'hommes de manœuvres, servit à le transporter en dehors, au-dessus de la pelouse qui s'étend à l'entrée de la gare de remisage; MM. Renard et Krebs se tenaient au milieu de leur nacelle, qui a la forme d'une longue yole de canotage.

L'aérostat s'éleva lentement en gardant une stabilité parfaite, la nacelle restait absolument horizontale. L'hélice fut aussitôt mise en mouvement, et le gouvernail fut actionné pour virer de bord. Le ballon allongé commença d'abord à descendre le courant aérien, puis, sous le jeu de son gouvernail, il décrivit un demi-cercle et navigua vent debout (*fig.* 28). L'hélice tourna aussitôt avec un peu plus de rapidité, mais le nombre de tours ne dépassa pas quarante à la minute; le navire aérien tint tête au vent, et, pendant plusieurs minutes, on le vit rester absolument immobile au-dessus des arbres, dont il ne semblait pas éloigné de plus de 200^m. Une manœuvre du gouvernail fit incliner l'axe du navire, qui prit alors le vent en biais, et il semblait qu'il allait pouvoir se rapprocher de son point de départ. Peut-être s'il avait lutté longtemps ainsi, aurait-il réussi; mais après dix minutes de fonctionnement, montre en mains, à 4^{h}55^m, le moteur, par suite d'un accident, cessa de fonctionner, et le ballon fut emporté par le courant aérien. On le vit s'éloigner de son point de départ, jusqu'au moment où il descendit avec assez de rapidité, pour disparaître derrière le rideau d'arbres qui masquait l'horizon.

Nous nous précipitâmes, mon frère et moi, à travers bois et à travers champs, dans la direction où semblait avoir eu lieu la descente. Après une demi-heure de marche rapide, nous arrivâmes à Vélizy, à l'ouest de Villacoublay, où nous aperçûmes l'aérostat à hélice qui venait d'exécuter son atterrissage dans les plus favorables conditions et sans aucun dégât du matériel (¹). La descente avait eu lieu à $5^h 10^m$, vingt-cinq minutes après le départ. La distance parcourue est, en chiffre rond, de 5^{km}. Le ballon de Chalais-Meudon étant resté stationnaire pendant dix minutes sous le jeu de son hélice, il se trouve avoir parcouru un espace de 5^{km} en quinze minutes, ce qui indique que la vitesse du vent était, pendant l'expérience, de 20^{km} à l'heure, soit de 5^m à 6^m à la seconde (²). La vitesse propre du navire aérien était précisément égale à la vitesse du courant au sein duquel il fonctionnait, puisqu'il y restait immobile avec vent debout.

Dès que le ballon à hélice fut revenu à terre, l'équipe de Chalais-Meudon, avec M. Duté-Poitevin, aéronaute de l'établissement militaire, se dirigea vers le point où avait eu lieu l'atterrissage. L'hélice fut démontée de l'arbre d'acier à l'extrémité duquel elle était fixée, et placée dans la nacelle. Une grappe d'hommes de manœuvres s'attacha à la corde du

---

(¹) Pendant le trajet, nous vîmes s'élever de loin, l'un des aérostats captifs de Chalais-Meudon; il y avait un aéronaute dans la nacelle. Il est probable que M. le Ministre de la Guerre avait exprimé le désir de voir fonctionner aussi les nouveaux aérostats d'observation militaire.

(²) Les chiffres que nous donnons ici ne sont pas absolus, car nous ne connaissons l'heure de la descente qu'à quelques minutes près; mais ils se rapprochent beaucoup de la vérité.

guide-rope fixée à l'avant de l'aérostat ; deux hommes restèrent dans la nacelle, et le ballon fut remorqué à travers champs pour revenir à son hangar de remisage. Nous suivîmes alors l'aérostat électrique à son retour. A ce moment, le soleil couchant brillait à l'horizon ; il se découpait au-dessus des arbres en un disque rouge de grand diamètre, c'était un spectacle vraiment curieux que ce singulier transport au milieu de la campagne (*fig.* 3o).

En suivant à terre le navire aérien de **MM. Ch. Renard et Krebs** nous avons examiné les détails de sa construction. Le ballon proprement dit est enveloppé d'une housse ou chemise de suspension, dans laquelle il se trouve parfaitement sanglé de toutes parts, sauf à la partie inférieure. L'avant est d'un diamètre plus considérable que l'arrière, exactement comme le représentent nos gravures exécutées d'après nature ([1]). La nacelle est formée de quatre perches rigides de bambous, reliées entre elles par des montants transversaux. Elle a environ 33^m de longueur et 2^m de hauteur au milieu. Trois petites fenêtres latérales sont réservées vers le milieu, afin que les aéronautes puissent voir l'horizon et distinguer la terre. Cette nacelle, très légère et de forme élégante, est recouverte de soie de Chine tendue sur ses parois. Cette enveloppe a pour but

---

([1]) Les dimensions principales ont été données par MM. Renard et Krebs dans leur Note à l'Académie des Sciences. — *Voir* page 77.

de diminuer la résistance de l'air, et de faciliter le passage du système à travers le milieu ambiant. L'hélice est à l'avant de la nacelle, elle est formée de deux palettes, et a environ 7^m de diamètre; elle

Fig. 31.

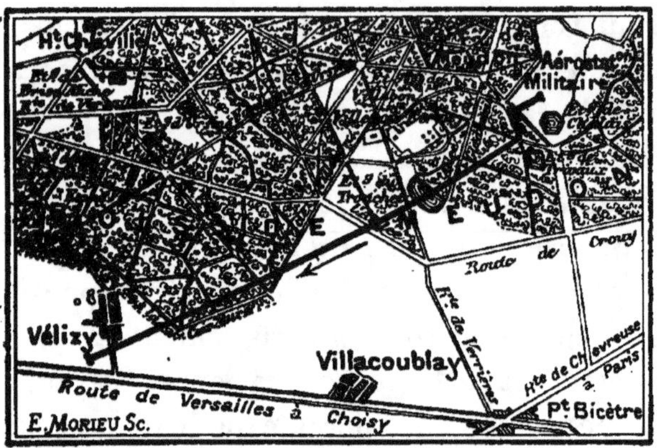

Tracé du deuxième voyage aérien de l'aérostat électrique
à hélice de Chalais-Meudon, 12 septembre 1884.

est faite à l'aide de deux tiges de bois reliées entre elles par des lattes recourbées suivant épure géométrique et recouvertes d'un tissu de soie vernie parfaitement tendue.

La nacelle est reliée à l'aérostat par une série de cordes de suspension très légères réunies entre elles au moyen d'une corde longitudinale qui, attachée vers le milieu, donne de la rigidité au système. Le gouvernail, placé à l'arrière, est à peu près rectangulaire, ses deux surfaces en étoffe de soie bien ten-

dues sur un châssis de bois sont légèrement saillan-
tes, en forme de pyramides à quatre faces de très
faible hauteur. Le navire aérien est muni de deux
tuyaux qui descendent dans la nacelle; l'un de ces
tuyaux est destiné à remplir d'air le ballonnet com-

Fig. 32.

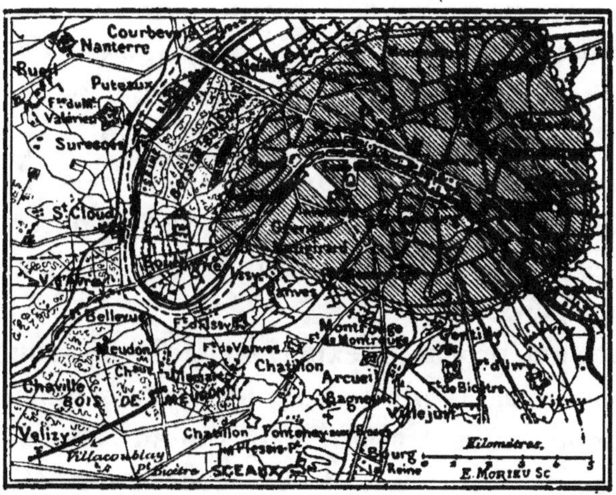

Carte donnant le tracé ci-contre à une plus petite échelle
et montrant la position de l'établissement militaire
de Chalais-Meudon, par rapport au centre de Paris.

pensateur, au moyen d'un ventilateur que l'on fait
fonctionner dans la nacelle; le second tuyau sert
probablement à assurer une issue à l'excès de gaz
produit par la dilatation. A l'arrière de la nacelle,
deux grandes palettes en forme de rames sont
fixées horizontalement; elles servent probablement
à écarter à droite et à gauche les cordes du gouver-

nail. Nous ne savons pas quel est l'usage de cet organe; il est possible qu'il soit utilisé dans le but de modérer la descente. L'hélice est actionnée par une machine dynamo-électrique, et le générateur d'électricité est une pile au sujet de laquelle M. le capitaine Renard garde le secret.

La carte que nous publions (*fig.* 31) donne le tracé du deuxième voyage exécuté par l'aérostat à hélice de Chalais-Meudon. Nous y joignons une autre carte à une plus petite échelle (*fig.* 32); elle a pour but de montrer la distance qui sépare l'établissement d'aérostation militaire, de la place de la Concorde, où les aéronautes se proposaient de venir. Il y a là un chemin de dix kilomètres environ à parcourir.

« Dans une prochaine expérience, disions-nous à la date du 20 septembre 1884, les savants officiers de Meudon peuvent assurément réussir s'ils choisissent un temps calme, et si le générateur d'électricité dont ils font usage fonctionne pendant une durée suffisamment prolongée. »

Troisième expérience du 8 novembre 1884.

Dans cette nouvelle expérience, qui cette fois a été couronnée d'un plein succès, MM. Ch. Renard et Krebs ont prouvé, nous voulons, en historien impartial, être parmi les premiers à le déclarer, qu'ils avaient dépassé tout ce qu'avaient fait leurs prédécesseurs (¹).

MM. Ch. Renard et A. Krebs ont pu atteindre une vitesse propre de 5^m, 5o à la seconde dans leurs deux premières expériences et dépasser une vitesse de 6^m, 5o à la seconde dans leurs récentes ascensions du 8 novembre 1884, soit 23^{km}, 5 à l'heure, avec une puissance effective de 5 chevaux et 5o tours de l'hélice à la minute.

L'aérostat dirigeable de Meudon a navigué le 8 novembre dans une atmosphère qui se déplaçait avec une vitesse de 8^{km} à l'heure ; quand il fonctionnait dans le sens du courant aérien, sa vitesse pouvait être de 23^{km}, 5 $+ 8^{km}$ ou de 31^{km}, 5 à l'heure ; quand il remontait le courant avec vent debout sa vitesse propre était au contraire de 23^{km}, 5 $- 8^{km}$ ou de 15^{km}, 5 à l'heure. Les officiers de Meudon ont donc pu facilement aller et venir dans tous les sens dans l'atmosphère.

L'ascension a eu lieu à midi ; dès que l'aérostat eut dépassé la hauteur des plateaux environnants, l'hélice a été mise en mouvement, et le ballon, virant

---

(¹) Nous ferons observer que la dernière expérience que nous avons exécutée, mon frère et moi, le 26 septembre 1884, a prouvé que notre aérostat dirigeable reviendrait comme celui de Chalais-Meudon, à son point de départ s'il fonctionnait par un temps suffisamment calme. Mais, faute des ressources financières nécessaires, il ne nous a pas été possible de construire un hangar de remisage, où l'aérostat tout gonflé est prêt à partir par un temps favorable.

de bord, s'est dirigé en droite ligne vers le viaduc
de Meudon qu'il ne tarda pas à franchir. Il traversa
la Seine en aval du pont de Billancourt, s'engagea

Fig. 33.

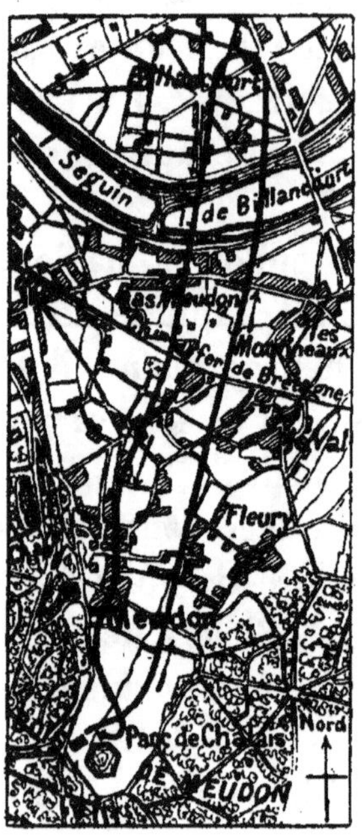

Tracé du premier voyage
aérien du 8 novembre
de midi à midi 45^m.

Fig. 34.

Tracé du second voyage
aérien du 8 novembre
de 3^h à 3^h 35^m.

sur la rive droite du fleuve, et le moteur fut arrêté,
pour laisser l'aérostat suivre le courant aérien afin
de mesurer la vitesse de ce courant. Après cinq minutes d'arrêt, la machine fut remise en mouvement,
l'aérostat, sous le jeu du gouvernail, décrivit un
demi-cercle de 160^m de diamètre environ, et revint

9

vers son point de départ à petite vitesse, et en tenant une parfaite stabilité de route. On le vit traverser Meudon et descendre après quarante-cinq minutes de voyage, sur la pelouse même du départ.

A 3ʰ de l'après-midi, MM. Ch. Renard et Krebs recommencèrent une nouvelle expérience. L'aérostat s'éleva une seconde fois et exécuta plusieurs évolutions aériennes dans les environs de Chalais. Mais le brouillard assez intense obligea les expérimentateurs à ne pas prolonger au delà de trente-trois minutes leur seconde ascension, dans la crainte de perdre de vue le point d'atterrissement. Il revinrent facilement au port comme dans le premier essai. Les cartes ci-contre (*fig*. 33 et 34) donnent les tracés exacts des deux voyages (¹).

Ces nouvelles expériences sont décisives. La navigation aérienne par les aérostats allongés à hélice est absolument démontrée. Pour la rendre pratique et utilisable, nous le répétons ici, après l'avoir déjà dit tant de fois, il faut construire des navires aériens très allongés, de très grandes dimensions, qui enlèveront des machines très puissantes.

Nous allons examiner les conditions de ce grand problème.

(¹) *Comptes rendus de l'Académie des Sciences*, séance du 10 novembre 1884. Note de M. Hervé Mangon.

CONCLUSION.

Il est facile de faire comprendre par des chiffres, l'avantage incontestable des grands aérostats. Comparons par exemple deux aérostats allongés l'un de 1000^{mc}, et l'autre trois fois plus volumineux, de 3000^{mc} (environ), ayant tous deux la même forme, longueur triple du diamètre :

	Aérostat allongé de 953^{mc}.	Aérostat allongé de 3.069^{mc}.
Longueur de pointe en pointe.	27^m	40^m
Surface	523^{mq}	1 118^{mq}
Cube total.	953^{mc}	3 069^{mc}
Poids total du matériel fixe (Ballon verni, filet, nacelle, brancards, cordages, engins d'arrêt, etc.)	500^{kg}	1 100^{kg}
Force ascensionnelle totale avec l'hydrogène pur	1 143	3 682
Force ascensionnelle disponible pour moteur, voyageurs et lest	643	2 582
Trois voyageurs	210	210
Lest pour faire route	80	248
Reste pour le poids du moteur.	353	2 132
Force du moteur avec générateur fonctionnant trois heures . .	1 1/3 chev.	10 chev.
Vitesse propre par seconde . .	4^m	4^m
Vitesse en kilomètres à l'heure (en nombres ronds).	15^{km}	25^{km}

On voit que le second aérostat trois fois plus volumineux que le premier a une surface deux fois plus grande seulement ; sa force ascensionnelle disponible est quatre fois plus grande, et la machine qu'il pourrait enlever aurait une force dix fois plus considérable ; au lieu d'avoir une vitesse de 15^{km} à l'heure, il en aurait une de 25^{km} à l'heure.

Je ne parle encore ici que d'un aérostat de 3000^{mc}, c'est-à-dire de dimension très modeste et d'un faible allongement. Il y a intérêt à augmenter cet allongement le plus possible pour diminuer la résistance de l'air. MM. Renard et Krebs ont démontré qu'on pouvait atteindre sans danger pour la stabilité six fois la longueur du diamètre. On pourra faire mieux encore dans l'avenir. Que serait-ce si l'on confectionnait des aérostats très allongés de $30\,000^{mc}$, $50\,000^{mc}$, $100\,000^{mc}$! On arriverait à atteindre la vitesse de nos trains express et à dominer presque tous les vents.

Considérons par exemple pour fixer nos idées ce que l'on pourrait obtenir avec un aérostat de grande dimension de $50\,000^{mc}$.

Un tel navire aérien de la forme de celui que nous avons expérimenté, mon frère et moi, et d'une longueur dépassant 4 fois son diamètre au fort, aurait en chiffres ronds les dimensions suivantes :

Diamètre : $30^m,50$. Longueur 120^m.

La totalité de sa surface serait de 8000^{mq}. Le poids du matériel aérostatique complet serait de $24\,000^{kg}$.

Gonflé d'hydrogène pur, ce navire aérien aurait une force ascensionnelle de 60 000^{kg} son poids étant de 24 000^{kg} ; l'excès de force ascensionnelle pour la machine motrice, les voyageurs et le lest, serait de 36 000^{kg} ! En réservant 10 000^{kg} pour les voyageurs et le lest, il resterait un poids disponible de 26 000^{kg} pour le moteur. On pourrait disposer dans ces conditions d'une force de quelques centaines de chevaux, qui donnerait au navire aérien une vitesse propre supérieure à celle des vents déjà forts.

Sans entreprendre dès à présent des constructions aussi importantes, rien n'empêche de donner naissance à de véritables navires aériens de 5000^{mc} de 10 000^{mc} qui fonctionneraient presque tous les jours. Quand il y aurait des vents violents, ou des tempêtes, ces navires resteraient au port, comme cela arrive parfois pour les bateaux sur l'Océan.

Il en sera pour la navigation aérienne ce qu'il en a été pour la navigation maritime, elle nécessitera une grande persévérance, beaucoup de temps, et beaucoup d'argent.

Nous en sommes en ce qui concerne la navigation aérienne, à une époque comparable à celle où à la fin du siècle dernier le marquis de Jouffroy venait de remonter le courant de la Saône à l'aide du premier bateau à vapeur le 15 juillet 1783. C'est seulement vingt-trois ans après en 1807, que Fulton partit de New-York, sur son bateau le *Clermont*, pour entreprendre le premier voyage pratique, sur un navire à vapeur. Depuis ce jour, la mer est sil-

lonné de navires à vapeur, et il en est quelques-
uns d'entre eux, les cuirassés, qui coûtent plus de
vingt millions de francs.

Les aérostats dirigeables électriques qui viennent d'être expérimentés, ne doivent être considé-
rés que comme d'humbles appareils de démonstration ; ils sont à la navigation atmosphérique ce
qu'étaient à la navigation maritime les bateaux à
vapeur du marquis de Jouffroy et de Fulton.

Mais il suffit qu'un germe soit semé sur le champ
des découvertes ; si on le cultive, il ne manque
jamais de croître et de se développer.

APPENDICE

LA DIRECTION DES AÉROSTATS JUGÉE EN FRANCE ET A L'ÉTRANGER.

Les expériences d'aérostats dirigeables que nous venons de décrire ont donné lieu à un grand nombre de publications intéressantes dont il nous paraît curieux de résumer l'esprit.

Un progrès considérable a été fait dans l'opinion des savants, des ingénieurs et du public. On ne nie plus la possibilité de diriger les ballons ; il a été démontré que le *point d'appui* se trouvait dans l'air comme dans l'eau, et qu'il ne s'agissait aujourd'hui que de construire de grands aérostats très allongés munis de moteurs très puissants et très légers. Dans un remarquable travail publié dans la *Revue des Deux Mondes* (¹), M. Jamin, l'éminent secrétaire perpétuel de l'Académie des Sciences a résumé avec beaucoup de netteté l'état de la question au point de vue pratique, et les pages qu'il a écrites sur les conditions d'un aérostat dirigeable sont magistralement exposées.

(¹) *Revue des Deux-Mondes,* 1ᵉʳ janvier 1885, page 113.

Après avoir décrit la mémorable expérience de
M. Dupuy de Lôme, M. Jamin résume l'histoire de
nos propres expériences. « Les frères Tissandier,
dit le savant physicien, firent deux ascensions, le
8 octobre 1883 et le 26 septembre 1884, réussirent
à donner au ballon une direction presque contraire
à celle du vent, une fois même à marcher contre
lui ; il était clair que rien ne manquait à la complète solution qu'une force plus grande du moteur. »

M. Jamin expose ensuite les travaux et les expériences de MM. Ch. Renard et A. Krebs, et expli-
que que le moteur électrique plus énergique employé par les savants officiers a pu imprimer à leur
navire aérien une vitesse plus considérable. « C'est
un beau résultat, mais on y était préparé : il ne faut
pas que l'opinion publique croie qu'il y avait un
secret pour la direction des ballons, et qu'il a tout
à coup été découvert par les derniers chercheurs.
Il y avait un problème travaillé par beaucoup de
personnes, résolu théoriquement, et même pratiquement dans l'air calme, et la solution vient d'être
étendue jusqu'au cas où la vitesse de l'air est de 5^m :
elle s'arrête là. Il faudra pour dominer une vitesse
supérieure de nouveaux travaux, une meilleure
machine : mais l'auteur inconnu de ce progrès désiré
et prochain n'effacera pas plus le succès de MM. Renard et Krebs, que ceux-ci les progrès qu'on doit
à leurs prédécesseurs. »

L'Académie des Sciences, qui comptait jadis des
adversaires déclarés de la direction des ballons

(Babinet doit être cité parmi les plus ardents d'entre eux), n'en compte plus aujourd'hui, et la savante Compagnie s'est montrée, depuis les belles expériences de M. Dupuy de Lôme, disposée à encourager les tentatives de ce genre. Le monde des ingénieurs est éminemment favorable à la question de la navigation aérienne par les aérostats, et nous avons été récemment appelé à exposer l'état de la question devant la réunion des ingénieurs des Arts et manufactures qui se tient à l'hôtel Continental. La Société des ingénieurs civils ne s'est pas désintéressée de ce grand problème, et l'un de ses membres les plus compétents, M. Duroy de Bruignac, y a récemment présenté un très intéressant mémoire qui a été publié sous le titre de l'*État présent de l'aéronautique*. M. Duroy de Bruignac résume les expériences fondamentales de M. Henri Giffard, de M. Dupuy de Lôme, de MM. Tissandier frères et de MM. Ch. Renard et A. Krebs ; il étudie les avantages et les inconvénients des différents systèmes, et il conclut en disant que l'aéronautique est près d'atteindre son but. « Il faut, dit-il, perfectionner les dispositions du navire aérien, trouver un moteur de plus en plus léger, et améliorer le rendement du propulseur. »

Des opinions tout à fait analogues ont été émises à l'étranger, en Amérique, en Angleterre et en Allemagne. De l'autre côté du Rhin, M. le major Buchholtz a fait une longue conférence sur la direction des ballons, devant les membres de l'*Elektro-*

technischerverein; il rend hommage aux travaux préliminaires de Giffard et de M. Dupuy de Lôme, et aux expériences récentes exécutées à l'aide de propulseurs électriques.

Comme l'a dit M. Hervé Mangon, dans la séance du 10 novembre de l'Académie des Sciences : « Le problème est aujourd'hui pratiquement résolu. Les plus sceptiques ne peuvent plus élever un doute. La France possède dès aujourd'hui un petit navire de l'air ; elle fera construire, dès qu'elle le voudra, le vaisseau de ligne de l'Océan aérien. »

TABLE DES MATIÈRES.

PLANCHES HORS TEXTE.

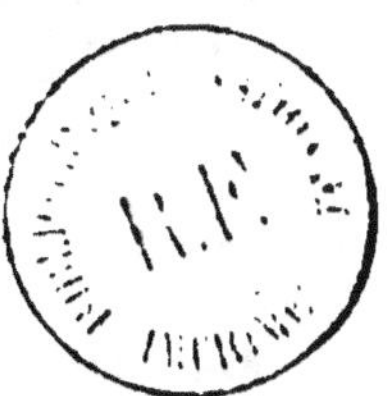

Paris. — Imp. Gauthier-Villars, 55, quai des Grands-Augustins.

LIBRAIRIE DE GAUTHIER-VILLARS,
Quai des Augustins, 55.

CATALOGUE DE PHOTOGRAPHIE.

Abney (le capitaine), Professeur de Chimie et de Photographie à l'École militaire de Chatham. — *Cours de Photographie.* Traduit de l'anglais par Léonce Rommelaer. 3ᵉ éd. Gr. in-8, avec planche photoglyptique; 1877. 5 fr.

Aide-Mémoire de Photographie pour 1884, publié sous les auspices de la Société photographique de Toulouse, par M. C. Fabre. Huitième année, contenant de nombreux renseignements sur les procédés rapides à employer pour portraits dans l'atelier, les émulsions au coton-poudre, à la gélatine, etc. In-18, avec fig. dans le texte et spécimen.

 Prix : Broché.................. Épuisé.
    Cartonné................ 2 fr. 25 c.
Les volumes des années précédentes, sauf 1876 et 1879, se vendent aux mêmes prix.

Annuaire Photographique, par *A. Davanne.* 2 vol. in-18, années 1867 et 1868. Chaque volume se vend séparément :
  Prix : Broché............... 1 fr. 75.

Aubert. — *Traité élémentaire et pratique de Photographie au charbon.* 2ᵉ édition. In-18 jésus; 1882. 1 fr. 50 c.

Audra. — *Le gélatino-bromure d'argent.* 2ᵉ édition. In-18 jésus; 1884. 1 fr. 75 c.

Blanquart-Evrard. — *Intervention de l'art dans la Photographie.* In-12, avec une photographie; 1864. 1 fr. 50 c.

Boivin (F.). — *Procédé au collodion sec.* 3ᵉ édition, augmentée du formulaire de Th. Sutton, des tirages aux poudres inertes (procédé au charbon), ainsi que de notions pratiques sur la Photographie, l'Electrogravure et l'Impression à l'encre grasse. In-18 jés.; 1883. 1 fr 50 c.

Bulletin de la Société française de Photographie. Grand in-8, mensuel. 31ᵉ année; 1885.
 Prix pour un an : Paris et les départements. 12 fr.
      Étranger. 15 fr.

Bulletin de l'Association belge de Photographie. Grand in-8, mensuel, 12ᵉ année; 1885.
 Prix pour un an : France et Union postale. 27 fr.
 Les volumes des années précédentes se vendent séparément. 25 fr.

Burton (W.-K.). — *A B C de la Photographie moderne,* contenant des instructions pratiques sur le *Procédé sec à la gélatine.* Traduit de l'anglais sur la 3ᵉ édition par G. Huberson. In-18 jésus, avec figures dans le texte; 1884. 2 fr. 25 c.

I

Chardon (Alfred). — *Photographie par émulsion sèche au bromure d'argent pur* (Ouvrage couronné par le Ministre de l'Instruction publique et par la Société française de Photographie). Gr. in-8, avec fig.; 1877.   4 fr. 50 c.

Chardon (Alfred). — *Photographie par émulsion sensible, au bromure d'argent et à la gélatine.* Grand in-8, avec figures; 1880.   3 fr. 50 c.

Clément (R.). — *Méthode pratique pour déterminer exactement le temps de pose en Photographie,* applicable à tous les procédés et à tous les objectifs, indispensable pour l'usage des nouveaux procédés rapides. 2e édition. In-18; 1884.   1 fr. 50 c.

Cordier (V.). — *Les insuccès en Photographie; causes et remèdes.* 4e édit. avec fig. Nouveau tirage. In-18 jésus; 1883.   1 fr. 75 c.

Davanne. — *La Photographie. Traité théorique et pratique.* 2 volumes grand in-8.   (*Sous presse.*)

Davanne. — *Les Progrès de la Photographie.* Résumé comprenant les perfectionnements apportés aux divers procédés photographiques pour les épreuves négatives et les épreuves positives, les nouveaux modes de tirage des épreuves positives par les impressions aux poudres colorées et par les impressions aux encres grasses. In-8; 1877.   6 fr. 50 c.

Davanne. — *La Photographie, ses origines et ses applications.* Grand in-8, avec figures; 1879.   1 fr. 25 c.

Davanne. — *La Photographie appliquée aux Sciences.* Grand in-8; 1881.   1 fr. 25 c.

Davanne. — *Notice sur la vie et les travaux de Poitevin.* In-8, avec figures; 1882.   75 c.

Derosne (Ch.). — *La Photographie pour tous.* Traité élémentaire des nouveaux procédés. Orné d'une phototypie. Grand in-8; 1882.   3 fr.

Ducos du Hauron (H. et L.). — *Traité pratique de la Photographie des couleurs* (Heliochromie). Description des moyens d'exécution récemment découverts. In-8; 1878.   3 fr.

Dumoulin. — *Manuel élémentaire de Photographie au collodion humide.* In-18 jésus, avec figures.   1 fr. 50 c.

Dumoulin. — *Les Couleurs reproduites en Photographie.* Historique, théorie et pratique. In-18 jésus.   1 fr. 50 c.

Eder (Dr), Membre de l'Institut polytechnique de Vienne. — *Théorie et pratique du procédé au gélatino-bromure d'argent.* Traduction française de la 2e édition allemande par H. COLARD et O. CAMPO, membres de l'association belge de Photographie. Grand in-8, avec portrait de l'auteur et 58 fig. dans le texte; 1883.   6 fr.

Fabre (C.). — *La Photographie sur plaque sèche.* —

Émulsion au coton-poudre avec bain d'argent. In-18 jésus ; 1880.   1 fr. 75 c.

Fortier (G.). — *La Photolithographie, son origine, ses procédés, ses applications.* Petit in-8, orné de planches, fleurons, culs-de-lampe, etc., obtenus au moyen de la Photolithographie ; 1876.   3 fr. 50 c.

Geymet. — *Traité pratique de Photographie* (Éléments complets, Méthodes nouvelles, Perfectionnements), suivi d'une Instruction sur le *procédé au gélatinobromure.* 3ᵉ édition. In-18 jésus ; 1885.   4 fr.

Geymet. — *Traité pratique de Photolithographie et de Phototypie.* 2ᵉ tirage. In-18 jésus ; 1882.   5 fr.

Geymet. — *Traité pratique de gravure héliographique et de galvanoplastie.* 2ᵉ éd. In-18 jésus ; 1885.   (*Sous presse.*)

Geymet. — *Traité pratique des émaux photographiques. Secrets* (tours de main, formules, palette complète, etc.) *à l'usage du photographe émailleur sur plaques et sur porcelaines.* 2ᵉ édition (second tirage). In-18 jésus ; 1882.   5 fr.

Geymet. — *Traité pratique de Céramique photographique.* Épreuves irisées or et argent (Complément du *Traité des émaux photographiques*). In-18 jésus ; 1885.   2 fr. 75 c.

Geymet. — *Traité pratique du procédé au gélatinobromure.* In-18 jésus ; 1885.   (*Sous presse.*)

Geymet. — *Éléments du procédé au gélatinobromure.* In-18 jésus ; 1882.   1 fr.

Godard (E.). Artiste peintre décorateur. — *Traité pratique de peinture et dorure sur verre. Emploi de la lumière ; application de la Photographie.* Ouvrage destiné aux peintres, décorateurs, photographes et artistes amateurs. In-18 jésus ; 1885.   1 fr. 75 c.

Hannot (le capitaine), Chef du service de la Photographie à l'Institut cartographique militaire de Belgique. — *Exposé complet du procédé photographique à l'émulsion* de M. WARNERCKE, lauréat du Concours international pour le meilleur procédé au collodion sec rapide, institué par l'Association belge de Photographie en 1876. In-18 jésus ; 1880.   1 fr. 50 c.

Huberson. — *Formulaire de la Photographie aux sels d'argent.* In-18 jésus ; 1878.   1 fr. 50 c.

Huberson. — *Précis de Microphotographie.* In-18 jésus, avec figures dans le texte et une planche en photogravure ; 1879.   2 fr.

Journal de l'Industrie photographique, *Organe de la Chambre syndicale de la Photographie.* Grand in-8, mensuel. 6ᵉ année ; 1885.
Prix pour un an : Paris, France, Étranger.   7 fr.

Klary, Artiste photographe. — *L'éclairage des portraits* *photographiques*. Emploi d'un écran de tête, mobile et coloré. 5e édition. Gr. in-8, avec 2 pl.; 1878.   2 fr.

Monckhoven (Dr Van). — *Traité général de Photographie*, suivi d'un chapitre spécial sur le *gélatino-bromure d'argent*. 7e éd., nouveau tirage. Grand in-8, avec planches et figures intercalées dans le texte; 1884. 16 fr.

Moock. — *Traité pratique complet d'impressions photographiques aux encres grasses et de phototypographie et photogravure*. 2e édition, beaucoup augmentée. In-18 jésus; 1877.   3 fr.

Odagir (H.). — *Le Procédé au gélatino-bromure*, suivi d'une Note de M. Milsom sur les clichés portatifs et de la traduction des Notices de M. Kennett et du Rév. G. Palmer. In-18 jésus, avec figures dans le texte. Nouveau tirage; 1883.   1 fr. 50 c.

O'Madden (le Chevalier C.). — *Le Photographe en voyage*. Emploi du gélatino-bromure. — Installation en voyage. Bagage photographique. In-18; 1882.   1 fr.

Pélegry, Peintre amateur, Membre de la Société photographique de Toulouse. — *La Photographie des peintres, des voyageurs et des touristes. Nouveau procédé sur papier huilé*, simplifiant le bagage et facilitant toutes les opérations, avec indication de la manière de construire soi-même les instruments nécessaires. In-18 jésus, avec un spécimen; 1879.   1 fr. 75 c.

Perrot de Chaumeux (L.). — *Premières Leçons de Photographie*. 4e édition, revue et augmentée. In-18 jésus, avec figures; 1882.   1 fr. 50 c.

Pierre Petit (Fils). — *La Photographie artistique. Paysages. Architecture. Groupes* et *Animaux*. In-18 jésus; 1883.   1 fr. 25 c.

Pierre Petit (Fils). — *Manuel pratique de Photographie*. In-18 jésus, avec figures dans le texte; 1883.   1 fr. 50 c.

Pierre Petit (Fils). — *La Photographie industrielle*. Vitraux et émaux. Positifs microscopiques. Projections. Agrandissements. Linographie. Photographie des infiniment petits. Imitations de la nacre, de l'ivoire, de l'écaille. Éditions photographiques. Photographie à la lumière électrique, etc. In-18 jésus; 1883.   2 fr. 25 c.

Piquepé (P.). — *Traité pratique de la Retouche des clichés photographiques*, suivi d'une *Méthode très détaillée d'émaillage* et de *Formules et Procédés divers*. In-18 jésus, avec deux photoglypties; 1881.   4 fr. 50 c.

Pizzighelli et Hübl. — *La Platinotypie. Exposé théorique et pratique d'un procédé photographique aux sels de platine, permettant d'obtenir rapidement des épreuves inaltérables*. Traduit de l'allemand par Henry Gauthier-Villars. In-8, avec planche spécimen; 1883. 3 fr. 50 c.

Poitevin (A.). — *Traité des impressions photographiques;*

suivi d'Appendices relatifs aux procédés usuels *de Photographie négative et positive sur gélatine, d'héliogravure, d'hélioplastie, de photolithographie, de phototypie, de tirage au charbon, d'impressions aux sels de fer,* etc., par M. LÉON VIDAL. In-18 jésus, avec un portrait phototypique de Poitevin. 2ᵉ édition, entièrement revue et complétée; 1883.   5 fr.

Radau (R.). — *La Lumière et les climats.* In-18 jésus; 1877.   1 fr. 75 c.

Radau (R.). — *Les radiations chimiques du Soleil.* In-18 jésus; 1877.   1 fr. 50 c.

Radau (R.). — *Actinométrie.* In-18 jésus; 1877.   2 fr.

Radau (R.). — *La Photographie et ses applications scientifiques.* In-18 jésus; 1878.   1 fr. 75 c.

Robinson (H.-P.). — *De l'effet artistique en Photographie. Conseils aux Photographes sur l'art de la composition et du clair obscur.* Traduction française de la 2ᵉ édition anglaise, par HECTOR COLLARD, Membre de l'Association belge de Photographie. Grand in-8; 1885.   3 fr. 50 c.

Rodrigues (J.-J.), Chef de la Section photographique et artistique (Direction générale des travaux géographiques du Portugal). — *Procédés photographiques et méthodes diverses d'impressions aux encres grasses,* employés à la Section photographique et artistique. Grand in-8; 1879.   2 fr. 50 c.

Roux (V.), Opérateur. — *Manuel opératoire pour l'emploi du procédé au gélatino-bromure d'argent.* Revu et annoté par M. STÉPHANE GEOFFRAY. 2ᵉ édition augmentée de nouvelles Notes. In-18; 1885.   1 fr. 75 c.

Roux (V.). — *Traité pratique de la transformation des négatifs en positifs servant à l'héliogravure et aux agrandissements.* In-18; 1881.   1 fr.

Roux (V.). — *Traité pratique de Zincographie.* Photogravure, Autogravure, Reports, etc. In-18 jésus; 1885.   1 fr. 25 c.

Russel (C.). — *Le Procédé au Tannin,* traduit de l'anglais par M. AIMÉ GIRARD. 2ᵉ éd. In-18 jésus, avec fig. 2 fr. 50 c.

Sauvel (Ed.), Avocat au Conseil d'État et à la Cour de cassation. — *Des œuvres photographiques et de la protection légale à laquelle elles ont droit.* In-18, 1880.   1 fr. 50 c.

Spiller (A.). — *Douze leçons élémentaires de Chimie photographique.* Traduit de l'anglais par M. HECTOR COLARD. Grand in-8; 1883.   2 fr.

Trutat (E.). — *La Photographie appliquée à l'Archéologie; Reproduction des Monuments, OEuvres d'art, Mobilier, Inscriptions, Manuscrits.* In-18 jésus, avec cinq photolithographies; 1879.   2 fr. 50 c.

I.

Trutat (E.). — *Traité pratique de Photographie sur papier négatif par l'emploi de couches de gélatinobromure d'argent étendues sur papier.* In-18 jésus, avec figures dans le texte et 2 planches spécimens; 1883.   3 fr.

Trutat (E.). — *La Photographie appliquée à l'Histoire naturelle.* In-18 jésus, avec 58 belles figures dans le texte et 5 planches specimens en phototypie, d'Anthropologie, d'Anatomie, de Conchyologie, de Botanique et de Géologie; 1884.   4 fr. 50 c.

Vidal (Léon), Officier de l'Instruction publique, Professeur à l'École nationale des Arts décoratifs. — *Traité pratique de Photographie au charbon,* complété par la description de divers *Procédés d'impressions inaltérables (Photochromie et tirages photomécaniques).* 3ᵉ édition. In-18 jésus, avec une planche spécimen de Photochromie et 2 planches spécimens d'impression à l'encre grasse; 1877.   4 fr. 50 c.

Vidal (Léon). — *Traité pratique de Phototypie,* ou *Impression à l'encre grasse sur couche de gélatine.* In-18 jésus, avec belles figures sur bois dans le texte et spécimens; 1879.   8 fr.

Vidal (Léon). — *La Photographie appliquée aux arts industriels de reproduction.* In-18 jésus, avec figures; 1880.   1 fr. 50 c.

Vidal (Léon). — *Traité pratique de Photoglyptie,* avec et sans presse hydraulique. In-18 jésus, avec 2 planches photoglyptiques hors texte et nombreuses gravures dans le texte; 1881.   7 fr.

Vidal (Léon). — *Calcul des temps de pose et Tables photométriques,* pour l'appréciation des temps de pose nécessaires à l'impression des épreuves négatives à la chambre noire, en raison de l'intensité de la lumière, de la distance focale, de la sensibilité des produits, du diamètre du diaphragme et du pouvoir réducteur moyen des objets à reproduire. 2ᵉ édition. In-18 jésus, avec tables; 1884.   Broché   2 fr. 50 c.
     Cartonné 3 fr. »

Vidal (Léon). — *Photomètre négatif,* avec une Instruction. Renfermé dans un étui cartonné.   5 fr.

Vidal (Léon). — *Manuel du touriste photographe.* 2 volumes in-18 jésus, avec nombreuses figures, se vendant séparément :

Iʳᵉ PARTIE : Couches sensibles négatives. — Objectifs. — Appareils portatifs. — Obturateurs rapides. Pose et Photométrie. — Développement et fixage. — Renforçateurs et réducteurs. — Vernissage et retouche des négatifs; 1885.   6 fr.

IIᵉ PARTIE.   (*Sous presse.*)

La traduction que nous annonçons aujourd'hui rendra en France un réel service à tous les employés soucieux de leur instruction professionnelle et à toutes les personnes qui s'occupent de télégraphie; c'est dans cette pensée que M. le Ministre des Postes et des Télégraphes a bien voulu encourager dans leur travail MM. Berger et Bardonnaut, auteurs de cette traduction, et honorer l'édition française d'une souscription.

Dans le but de fournir aux lecteurs tous les renseignements dont ils peuvent avoir besoin, on a introduit dans l'édition française plusieurs additions importantes.

Ainsi, l'appareil Hughes, dont l'auteur anglais, resserré dans les limites de son *Manuel,* ne pouvait donner qu'une description sommaire, a reçu tout le développement que comporte son emploi en France. — Lors de l'apparition de l'Ouvrage de M. Culley, l'appareil Baudot était encore peu connu; les traducteurs ont été heureux de pouvoir reproduire une description complète de ce merveilleux appareil, qui rend déjà tant de services à l'Administration française. — Enfin, les additions comprennent également les descriptions détaillées des appareils Breguet et Mayer, ainsi que l'exposé de l'organisation et du mode de fonctionnement des réseaux téléphoniques, et de la télégraphie pneumatique et optique.

COURS D'ASTRONOMIE

DE L'ÉCOLE POLYTECHNIQUE;

PAR

M. H. FAYE,

Membre de l'Institut et du Bureau des Longitudes.

—

Deux beaux volumes grand in-8,

avec nombreuses figures et Cartes dans le texte se vendant séparément :

Ire Partie : *Astronomie sphérique. — Géodésie et Géographie mathématique;* 1881................ **12 fr. 50 c.**

IIe Partie : *Astronomie solaire. — Théorie de la Lune. — Navigation;* 1883........................ **14 fr.**

LIBRAIRIE GAUTHIER-VILLARS,
Quai des Augustins. 55.

Envoi franco dans toute l'Union postale contre mandat de poste
ou valeur sur Paris.

ÉLECTRICITÉ

ET

MAGNÉTISME

PAR

FLEEMING JENKIN,
Professeur de Mécanique à l'Université d'Édimbourg.

TRADUIT DE L'ANGLAIS SUR LA HUITIÈME ÉDITION
ET AUGMENTÉ DE NOTES IMPORTANTES,

PAR

M. H. BERGER,
Directeur-Ingénieur des lignes télégraphiques,
ancien élève de l'École Polytechnique,

ET

M. CROULLEBOIS,
Professeur à la Faculté des Sciences de Besançon,
ancien élève de l'École Normale supérieure.

IN-8, DE XXIV-634 PAGES, AVEC 270 FIG. DANS LE TEXTE;
1885. — PRIX : **12** FR.

Avis des Traducteurs.

En Angleterre, le livre de M. F. Jenkin sur l'Électricité et le Magnétisme est classique : on l'étudie dans les Universités, et les ingénieurs électriciens ne manquent pas de le placer au nombre des quelques traités spéciaux qu'ils mettent à la disposition de leur personnel dans chaque atelier. On ne s'étonnera pas, en présence de ce succès, que sept éditions aient été épuisées en quelques années.

Frappés du mérite théorique et pratique de ce livre, et convaincus qu'une traduction française serait favorablement accueillie de toutes les personnes qui, par goût ou en raison de leur profession, s'intéressent à cette branche de la Physique, nous avons entrepris le travail que nous offrons au public. L'Œuvre de M. F. Jenkin a été fidèlement respectée; mais il nous a paru utile d'ajouter à la fin de l'Ouvrage plusieurs Notes qui en faciliteront la lecture.

Titres des Chapitres. (Pages 1-452.)

I. Quantité d'électricité. — II. Potentiel. — III. — Courant. — IV. Résistance. — V. Mesures électrostatiques. — VI. Magnétisme. — VII. Mesures magnétiques. — VIII. Mesures électromagnétiques. — IX. Mesures de l'induction électromagnétique. — X. Unités adoptées dans la pratique. — XI. Théorie chimique de la force électromotrice. — XII. Thermo-Électricité. — XIII. Galvanomètres. — XIV. Électromètres. — XV. Piles électriques. — Mesures des résistances. — XVII. Comparaison des capacités, potentiels et quantités. — XVIII. Machines électriques à frottement. — XIX. Machines servant à produire de l'électricité, au moyen de l'induction électrostatique. — XX. Appareils magnéto-électriques. — XXI. Appareils électromagnétiques. — XXII. Appareils télégraphiques. — XXIII. Vitesse des signaux. — XXIV. Lignes télégraphiques. — XXV. Défauts sur les lignes télégraphiques. — XXVI. Applications utiles de l'électricité en dehors de la Télégraphie. — XXVII. Electricité atmosphérique et terrestre. — XXVIII. Boussole marine. — XXIX. Téléphone et microphone.

Titres des Notes ajoutées. (Pages 453-620.)

I. Mouvement d'un corps solide autour d'un axe fixe. — II. Lois de la torsion des fils. Expériences de Coulomb.— III. Sur les unités fondamentales et les unités mécaniques dérivées. — IV. Sur les lois de Coulomb. — V. Sur la déperdition de l'électricité. — VI. Sur le potentiel. — VII. Sur les tubes de force et leurs propriétés. — VIII. Vérifications de la loi de Coulomb. — IX. Sur l'énergie électrique. — X. Théorèmes généraux sur l'influence électrique. — XI. Force mécanique résultante sur un conducteur. — XII. Sur l'électromètre à quadrants de Thomson. — XIII. Electromètre absolu de Thomson. — XIV. Sur l'électromètre portatif de Thomson. — XV. Machine Gramme. — XVI. Sur la transmission de la force. — XVII. Téléphones et microphones; 1° Téléphone sans pile. Balance d'induction; 2° Microphones. Téléphones à piles; 3° Téléphones divers. Condensateur chantant 4° Radiophone. Expériences de M. Mercadier.

CULLEY (R.-S.). — **Manuel de Télégraphie pratique.** Traduit de l'anglais (7° édition), et augmenté de *Notes sur les appareils Breguet, Hughes, Meyer et Baudot, sur les transmissions pneumatiques et téléphoniques,* par HENRI BERGER, ancien Élève de l'Ecole Polytechnique, Directeur-Ingénieur des lignes télégraphiques, et PAUL BARDONNAUT, ancien Élève de l'Ecole Polytechnique, Directeur des postes et des télégraphes. Un beau volume grand in-8, avec plus de 200 figures dans le texte et 7 planches; 1882. Broché. 18 fr.

Cartonné à l'anglaise. 20 fr.

LIBRAIRIE DE GAUTHIER-VILLARS,
Quai des Augustins, 55.

Envoi franco dans toute l'Union postale contre mandat de poste
ou valeur sur Paris.

HISTOIRE

DES

SCIENCES MATHÉMATIQUES

ET PHYSIQUES,

PAR

M. Maximilien MARIE,

Répétiteur de Mécanique
et Examinateur d'admission à l'École Polytechnique.

PETIT IN-8, CARACTÈRES ELZÉVIRS, TITRE EN DEUX COULEURS.

Les autres périodes paraîtront successivement, en 2 ou 3 volumes analogues aux tomes précédents. [*Newton à Euler* (fin), *Euler à Lagrange, Lagrange à Laplace, Laplace à Fourier, Fourier à Arago, Arago à Abel et aux géomètres contemporains*].

Préface.

L'Histoire que j'ai désiré écrire est celle de la filiation des idées et des méthodes scientifiques.

Il ne faut donc chercher dans cet Ouvrage ni tentatives de restitutions de faits inconnus ou d'Ouvrages perdus, ni découvertes bibliographiques, ni discussions sur les faits incertains ou les dates douteuses, ni hypothèses sur la science des peuples qui ne nous ont transmis aucun monument certain de leur savoir. Je suis très éloigné de croire inutiles ou chimériques les recherches dirigées dans l'un des sens que je viens d'indiquer, mais enfin je ne m'en suis pas occupé.

Il n'est pas nécessaire qu'un même Ouvrage contienne tout ce qu'il était possible d'y mettre, il y en a d'autres; l'important est qu'il contienne des choses utiles, qui ne se trouvent pas ailleurs.

Je ne sais si j'ai atteint le but que je me proposais; tout ce que je puis dire, c'est que j'ai toujours rêvé d'écrire ce livre, et qu'il y a quarante ans que je m'en occupe.   M. MARIE.

Les histoires de Montucla et de Bossut, quoique excellentes, laissaient à désirer sous ce rapport que l'on y trouvait bien tous les faits à leur place et tous les noms des inventeurs, mais non l'indication des méthodes par lesquelles ces faits avaient été découverts et ensuite mis hors de doute. Au contraire, Delambre, dans son histoire de l'Astronomie, entre peut-être dans trop de détails. Les extraits qu'il donne de tous les Ouvrages d'Astronomie forment plutôt une bibliothèque qu'une histoire; l'auteur n'y parait pas assez; il a l'autorité, on voudrait le voir en user. L'Auteur de cet Ouvrage s'est efforcé de rester dans un juste milieu. Il a cherché à se pénétrer de l'esprit et des idées des pères de la Science; il leur fait, autant que possible, parler leur langage, il montre autant qu'il le peut la voie qu'ils ont suivie pour arriver à leurs découvertes, mais il ne craint pas d'engager sa responsabilité dans l'analyse qu'il donne de leurs travaux.

Une histoire peut prendre fin n'importe où; mais l'auteur de celle-ci l'a continuée jusqu'à 1830. Elle est divisée en périodes qui prennent naissance avec les découvertes les plus importantes et les changements les plus considérables apportés dans la méthode. Chaque période s'ouvre par une analyse générale des progrès qui y sont accomplis. Elle se termine par la biographie des savants de cette période et l'analyse de leurs travaux. Ce mode de division a l'avantage que tous les travaux d'un même savant se trouvent réunis de façon qu'on peut les embrasser d'un seul coup d'œil. La division par chapitres de la Science parait, au premier abord, plus logique; elle l'est cependant moins, parce qu'en réalité toutes les Sciences s'aident mutuellement, de façon que les progrès de l'une dépendent souvent des progrès de toutes les autres et éclatent simultanément dans les mêmes grands esprits. Ce serait, par exemple, un meurtre de détailler Huygens, le plus universel des savants illustres, en un géomètre, un mathématicien, un mécanicien, un horloger, un machiniste, un astronome, un physicien, un expérimentateur, etc., etc.

L'auteur a eu la bonne fortune que trois savants, qui se sont occupés d'histoire, M. Rouché, M. Léon Rodet et M. Charles Henry, ont bien voulu revoir les épreuves de son livre. Ils lui ont fait de précieuses observations, dont il s'est empressé de profiter. Il les remercie ici de leur bienveillant concours.

10340 Paris. — Imp. GAUTHIER-VILLARS. quai des Augustins, 55

qu'aux aéroscopes installés actuellement à l'Observatoire de Montsouris. Cela fait, plusieurs paragraphes sont spécialement consacrés aux organismes de l'air, faciles à discerner avec le secours des grossissements vulgaires, aux pollens, aux grains d'amidon, aux spores des mucédinées, des algues, des lichens, etc., au dénombrement de ces mêmes cellules, aux lois qui régissent leur apparition et leur disparition, aux causes qui provoquent leurs recrudescences subites ou progressives, etc. Mais c'est surtout l'histoire des germes aériens des bactéries qui a paru à M. Miquel demander le plus de développement. Après un aperçu des travaux de MM. Pasteur, Tyndall et de plusieurs autres savants sur cette matière, un long Chapitre traite de la nature et de la physionomie des bactéries peuplant les atmosphères libres et confinées, des espèces microbiques communes et des formes diverses qu'elles peuvent adopter momentanément en laissant alors le champ ouvert aux illusions; cette partie, comme toutes d'ailleurs, est essentiellement pratique. Dans les Chapitres qui suivent, l'Auteur développe les procédés de fabrication et les modes de stérilisation des liquides propres au rajeunissement et à la culture des bactéries.

Les derniers Chapitres sont surtout affectés à l'exposition des résultats de la statistique des germes tenus en suspension dans l'air du parc de Montsouris, du centre de Paris, des égouts, des habitations, des hôpitaux, des régions élevées de l'atmosphère. Comme pour les spores des moisissures, il existe des lois générales qui régissent la diffusion des semences infiniment petites de bactéries; leur détermination et leur étude font l'objet de plusieurs paragraphes d'un grand intérêt; car on ne découvrira des mesures prophylactiques efficaces contre l'invasion des microbes qu'en mettant en œuvre les méthodes indiquées par l'expérience : soit pour fixer les bactéries, soit pour les faire disparaître des lieux où elles peuvent s'accumuler, s'éterniser ou prendre naissance et pulluler. Le parallélisme manifeste entre le chiffre des décès observés à Paris par les maladies dites *zymotiques* et le nombre des germes récoltés à la rue de Rivoli est un fait dont l'Auteur fait ressortir l'importance. Enfin, dans le Chapitre IX et dernier, on classe les diverses substances antiseptiques suivant leur puissance d'action déterminée par une longue suite de recherches expérimentales.

PRÉFACE.

Ce n'est pas sans inquiétude que, cédant au désir d'amis trop bienveillants, je livre à la publicité ce Cours de Travaux pratiques, destiné aux candidats à la Licence. Les difficultés de la tâche que j'ai entreprise sont, en effet, très grandes : il s'agit de présenter sous une forme didactique l'enseignement expérimental qui se donne au laboratoire, en face des instruments.

C'est par les manipulations que l'élève acquiert la dextérité nécessaire au physicien : c'est là qu'au dire de Franklin il apprend à scier avec une vrille et à forer avec une scie. Cette éducation manuelle serait, pour quelques juges très compétents, le principal résultat de l'Ecole pratique : or un livre ne pourrait y contribuer que dans une faible mesure.

Il semble toutefois que ceux qui ont créé les laboratoires d'enseignement se soient proposé un but plus élevé : en mettant entre des mains novices et inexpérimentées les appareils délicats et précis de Fresnel, de Melloni et de Regnault, ils n'ont pas voulu seulement faire connaître à l'élève le jeu de ces instruments; mais, s'ils l'invitent à reproduire les expériences instituées par les maîtres, c'est pour qu'il comprenne l'esprit des méthodes, qu'il en saisisse les finesses et en apprécie les perfectionnements successifs. Un Cours de Travaux pratiques doit donc être l'écho et le complément des leçons de Physique générale données *ex professo*; ce sera une gymnastique de l'esprit non moins que des doigts. A ce point de vue, un Traité de Manipulations présente une utilité incontestable : accordant au Manuel opératoire une part plus large que ne peut le faire un livre purement théorique, il fournit au jeune physicien des indications pratiques très précieuses, en même temps qu'il lui procure les moyens d'analyser et de discuter les procédés d'observation et de mesure.

Telles sont les idées qui ont présidé à la composition de cet Ouvrage.

Ancien élève du laboratoire de M. Desains, je n'ai eu qu'à me ressouvenir. J'ai aussi consulté avec fruit le *Leitfaden der praktischen Physik* de M. Kohlrausch, ainsi que le *Traité de Manipulations* que Henri Buignet a écrit pour ses élèves de l'Ecole de Pharmacie. Mais c'est surtout en m'inspirant des besoins et de l'expérience de mon enseignement à la Faculté catholique des Sciences de Lille que j'ai tracé le plan et coordonné les détails de ce Livre.

Toutes les manipulations qui le composent sont rédigées sur un modèle uniforme. Une *Introduction théorique* très succincte pose la question à étudier, donne le sens des notations adoptées, et indique les solutions par les formules établies dans le Cours de Physique. Vient ensuite, sous la rubrique *Description*, un examen rapide des instruments nécessaires à la manipulation; des gravures, empruntées pour la plupart à l'excellent Traité de MM. Jamin et Bouty ou mises à notre disposition par nos constructeurs, permettent à l'élève de suivre sans peine les explications données dans le texte, d'y suppléer au besoin et de reproduire la disposition d'ensemble des appareils.

Le *Manuel opératoire* a été l'objet de tous mes soins; j'ai cherché à être très précis sans devenir trop laconique. Chaque exercice aboutit à une mesure : les résultats numériques exacts sont indiqués à la fin de chaque Chapitre et réunis dans un Tableau synoptique. Toutes ces expériences sont réalisables avec les ressources ordinaires d'un laboratoire de Faculté : j'ai pris comme type le cabinet de Physique organisé à Lille par M. Chautard; il peut être proposé pour modèle.

Mon ambition a été de condenser tous les détails pratiques épars dans les Mémoires originaux : des notes bibliographiques indiquent les sources auxquelles j'ai puisé; il sera facile d'y remonter au besoin. Je n'ai guère dépassé le cercle des collections qui composent les bibliothèques de laboratoire.

Je ne regretterai pas mes peines, si ce Livre peut, malgré ses imperfections, contribuer à former de solides licenciés et à préparer les jeunes gens aux recherches plus approfondies qui conduisent au doctorat.

Aimé WITZ.

9 782329 790039